中华精神家园

古建风雅

三大名楼

文人雅士的汇聚之所

肖东发 主编　张德荣 编著

中国出版集团

现代出版社

图书在版编目（CIP）数据

三大名楼：文人雅士的汇聚之所 / 张德荣编著. —
北京：现代出版社，2014.5（2019.1重印）
ISBN 978-7-5143-2326-9

Ⅰ．①三… Ⅱ．①张… Ⅲ．①楼阁－名胜古迹－介绍
－中国 Ⅳ．①K928.74

中国版本图书馆CIP数据核字（2014）第085425号

三大名楼：文人雅士的汇聚之所

主　　编：肖东发
作　　者：张德荣
责任编辑：王敬一
出版发行：现代出版社
通信地址：北京市定安门外安华里504号
邮政编码：100011
电　　话：010-64267325 64245264（传真）
网　　址：www.1980xd.com
电子邮箱：xiandai@cnpitc.com.cn
印　　刷：三河市华晨印务有限公司
开　　本：710mm×1000mm　1/16
印　　张：10
版　　次：2015年4月第1版　2021年3月第4次印刷
书　　号：ISBN 978-7-5143-2326-9
定　　价：29.80元

党的十八大报告指出："文化是民族的血脉，是人民的精神家园。全面建成小康社会，实现中华民族伟大复兴，必须推动社会主义文化大发展大繁荣，兴起社会主义文化建设新高潮，提高国家文化软实力，发挥文化引领风尚、教育人民、服务社会、推动发展的作用。"

我国经过改革开放的历程，推进了民族振兴、国家富强、人民幸福的中国梦，推进了伟大复兴的历史进程。文化是立国之根，实现中国梦也是我国文化实现伟大复兴的过程，并最终体现为文化的发展繁荣。习近平指出，博大精深的中国优秀传统文化是我们在世界文化激荡中站稳脚跟的根基。中华文化源远流长，积淀着中华民族最深层的精神追求，代表着中华民族独特的精神标识，为中华民族生生不息、发展壮大提供了丰厚滋养。我们要认识中华文化的独特创造、价值理念、鲜明特色，增强文化自信和价值自信。

如今，我们正处在改革开放攻坚和经济发展的转型时期，面对世界各国形形色色的文化现象，面对各种眼花缭乱的现代传媒，我们要坚持文化自信，古为今用、洋为中用、推陈出新，有鉴别地加以对待，有扬弃地予以继承，传承和升华中华优秀传统文化，发展中国特色社会主义文化，增强国家文化软实力。

浩浩历史长河，熊熊文明薪火，中华文化源远流长，滚滚黄河、滔滔长江，是最直接的源头，这两大文化浪涛经过千百年冲刷洗礼和不断交流、融合以及沉淀，最终形成了求同存异、兼收并蓄的辉煌灿烂的中华文明，也是世界上唯一绵延不绝而从没中断的古老文化，并始终充满了生机与活力。

中华文化曾是东方文化摇篮，也是推动世界文明不断前行的动力之一。早在500年前，中华文化的四大发明催生了欧洲文艺复兴运动和地理大发现。中国四大发明先后传到西方，对于促进西方工业社会的形成和发展，曾起到了重要作用。

中华文化的力量，已经深深熔铸到我们的生命力、创造力和凝聚力中，是我们民族的基因。中华民族的精神，也已深深植根于绵延数千年的优秀文化传统之中，是我们的精神家园。

总之，中华文化博大精深，是中国各族人民五千年来创造、传承下来的物质文明和精神文明的总和，其内容包罗万象，浩若星汉，具有很强的文化纵深，蕴含丰富宝藏。我们要实现中华文化伟大复兴，首先要站在传统文化前沿，薪火相传，一脉相承，弘扬和发展五千年来优秀的、光明的、先进的、科学的、文明的和自豪的文化现象，融合古今中外一切文化精华，构建具有中国特色的现代民族文化，向世界和未来展示中华民族的文化力量、文化价值、文化形态与文化风采。

为此，在有关专家指导下，我们收集整理了大量古今资料和最新研究成果，特别编撰了本套大型书系。主要包括独具特色的语言文字、浩如烟海的文化典籍、名扬世界的科技工艺、异彩纷呈的文学艺术、充满智慧的中国哲学、完备而深刻的伦理道德、古风古韵的建筑遗存、深具内涵的自然名胜、悠久传承的历史文明，还有各具特色又相互交融的地域文化和民族文化等，充分显示了中华民族的厚重文化底蕴和强大民族凝聚力，具有极强的系统性、广博性和规模性。

本套书系的特点是全景展现，纵横捭阖，内容采取讲故事的方式进行叙述，语言通俗，明白晓畅，图文并茂，形象直观，古风古韵，格调高雅，具有很强的可读性、欣赏性、知识性和延伸性，能够让广大读者全面接触和感受中国文化的丰富内涵，增强中华儿女民族自尊心和文化自豪感，并能很好继承和弘扬中国文化，创造未来中国特色的先进民族文化。

2014年4月18日

千古名楼——岳阳楼

湖北名楼——黄鹤楼

江南名楼——滕王阁

岳阳楼

　　湖南岳阳楼始建于220年前后，其前身相传为三国时期东吴大将鲁肃的"阅军楼"，在中唐李白赋诗之后，始称"岳阳楼"。

　　岳阳楼建筑构制独特，风格奇异。其楼顶为层叠相衬的"如意斗拱"托举而成的盔顶式，这种拱而复翘的古代将军头盔式的顶式结构在我国古代建筑史上是独一无二的。

　　岳阳楼自古有"洞庭天下水，岳阳天下楼"之誉，与江西南昌的滕王阁、湖北武汉的黄鹤楼并称为江南三大名楼。

鲁肃为操练水军修建阅军楼

鲁肃雕像

在我国三国时期，当时的湖南岳阳是魏、蜀、吴三国必争之军事要塞。为此，吴国军师周瑜便据守江陵，并以这里为根据地，屯驻军队储备粮草。

210年，周瑜上奏吴国首领孙权，建议出兵先攻蜀国的刘备，再取襄阳，北击魏军曹操进而一统天下。

孙权准奏，周瑜便急忙整顿军马，筹备粮草，欲取巴蜀。但就在这时，踌躇满志的周瑜却忽染暴病，逝于

岳阳，年仅36岁。

周瑜临终时写下遗书："人生有死，修命短矣，诚不足惜。"并对孙权说"鲁肃忠烈，临事不苟，可以代瑜。"

鲁肃，字子敬。他出身富贵人家，家道殷实，乐善好施，而且和善慈祥，足智多谋。

孙权深知鲁肃的才干，便采纳了周瑜的建议，当即任命鲁肃为奋武校尉、横江将军，屯陆口，接替周瑜统领部队。周瑜私属部队4000多人，以及原来的奉邑等地，全都转归鲁肃所有。

早在东汉末期，岳阳名巴丘，因地处天岳幕阜山之南，洞庭湖之北又改称岳阳。这里沃野连绵，鱼丰米足。由于地处江湖之交，为荆襄门户。

赤壁大战中曹军进退都经过巴丘。大战后，巴丘是孙、刘两个军事集团的交界处。

215年，鲁肃接替周瑜驻守巴丘后，认为"巴丘正当江湖汇口，四通八达，为古来水陆争战之地，尤

巴蜀 先秦时期地区名和地方政权名。主要在今重庆、四川境内。东部为巴国，西部为蜀国。据《华阳国志》所记，先秦巴蜀是一个多民族的地区，其中有濮、苴、龚、奴等民族。此外，巴蜀文化是与中原有别的另一民族文化。六朝以前的茶史资料表明，我国茶业，最初兴起于巴蜀，是我国茶业和茶叶文化的摇篮。

■岳阳楼瞻岳门

利水战，应成为一个重要的水军据点"。

刘备借得荆州后，令关羽驻守，与鲁肃对垒。鲁肃驻守巴丘期间为防御关羽和曹军再次南下，便在水面广阔的洞庭湖加紧操练水军。

他选择洞庭湖与长江的咽喉之地，也就是后来的岳阳楼一带，构筑险固的巴丘城，并在城西依湖临水地势高敞处，建造了训练和检阅水军的阅军楼。

阅军楼临岸而立。登临阅军楼可观望洞庭全景，湖中一帆一波皆尽收眼底，气势非同凡响。这座阅军楼，就是湖南岳阳洞庭湖畔岳阳楼的前身。据《巴陵县志》记载，岳阳楼"肇自汉晋"，或称"鲁肃阅军楼"。

在鲁肃死后63年，也就是280年，晋太康在巴丘城建立了巴陵县，巴丘城的阅军楼改为巴陵城楼。

南北朝时，南朝梁时将罗县、吴昌县新置玉山县、巴陵县、湘滨县，并以此五县及湘阴县建岳阳郡，郡治所设在今汨罗之长乐镇。

后来对巴陵城楼进行了重修，使这一十分简陋的军事设施，成为供人游览的场所。那壮阔绮丽的风光，常为诗人吟咏。此后，常有骚人墨客登楼赋诗。

最早见于南北朝时诗人颜延之的诗《始安郡还都与张湘州登巴陵城楼》：

> 却倚云梦林，前瞻京台囿。
> 清氛霁岳阳，曾晖薄澜澳。

这首诗作于422年。当时，颜延之受权臣徐羡之排斥，出为始安太守，道经汨潭，与张劭有过一段交往，并作《祭屈原文》、《祭虞帝文》，借凭吊古代圣贤以抒发自己遭受忌疑而被放外任的悲愤情怀。

426年，南北朝时期宋朝文帝刘义隆征颜延之为

■ 洞庭湖畔的古阅军楼

■复原的巴陵城楼

中书侍郎。颜延之在返京途中，又与张湘州相会，和他共登巴陵城楼，留下了"清氛雾岳阳，曾晖薄澜澳"的佳句，为后世所传诵。

这首诗是我国诗歌史上第一首咏岳阳楼的诗。全诗结构严谨，气势开阔，境界雄浑，寄托遥深，对后世相关题材的文学有较大影响。

在诗中，颜延之第一次将巴陵城称为岳阳，自此，"岳阳"两字便在历史上崭露头角。可是，这时的巴陵城楼还不叫岳阳楼，那时的人们认为楼建在西门城上，便称它为西楼；又因位于郡署的南面，有人称它为南楼；还因濒临洞庭湖，有人称它为洞庭楼或洞庭连天楼。

隋文帝时，废岳阳郡建巴州，519年，又将巴州改称岳州。

阅读链接

据山海经记载：四川有大蛇，曰巴蛇。按甲骨文考证，其实巴就是蛇，巴字上面的长方块原本是一椭圆中加一点，代表蛇头，下面的弯钩代表弯曲的蛇身。"巴蛇吞象，三岁而出其骨"，可见蛇非常大。

夏时后羿为民除害，上射十日，下杀洪水猛兽，去到四川追杀巴蛇，大蛇无路可走，即从巴峡穿巫峡，便down到襄阳到岳阳，顺江而下逃至此处，本想猫进洞庭湖的宽阔水面以藏身，却不料后羿紧随而至，于此地斩杀。

死后蛇骨堆积如丘，此地也因此被称为"巴丘"，也就是岳阳楼的楼址。

神仙帮助木匠修建岳阳楼

我国的岳阳楼，自建成以后，经过了多次兴废，到唐代时，整座楼阁又重建了一次。

那是716年的事了。这一年，唐朝中书令张说被贬到岳州来当刺史。他到了岳州之后，愁眉紧皱，痛苦不堪。

■唐代岳阳楼模型

■ 岳阳楼城墙

鲁班 姓公输，名般。又称公输子、公输盘、鲁般。不少古籍记载，很多木工器械都是他发明的，像木工使用的曲尺，也叫鲁班尺。又如墨斗、锯子、钻子等。他是我国古代的一位出色的发明家，2000多年以来，他的名字和有关他的故事一直广为流传。我国的土木工匠们都尊称他为祖师。

有一天，他带着几个人出去巡视管辖区，顺便散散心，可是转了半天，也没找到个风景好的地方。

太阳快落山的时候，张说带着随从转到西门外湖边，看见前面有个圆形石台，上面建了个小亭阁，亭上挂着"阅兵台"匾额。

这个阅兵台是三国时期吴国大将鲁肃在洞庭湖操练水兵时修建的。张说登上阅兵台，远望无边无际的洞庭湖，顿时感到心胸开阔多了。

一个随从对张说说："老爷，这里既可登高望远，又可观赏湖光山色，如果在高处筑建楼阁，那该多好呀！"

张说听了，觉得有些道理，便打定主意，只等良辰吉日，动工建楼。第二天立即出榜，招聘名师巧匠，担任工程总管。

一天，从潭州来了一个青年木工，名叫李鲁班，自称擅长土木设计，无论什么亭阁楼台，宫殿庙宇，都能设计得尽善尽美。

张说便命他主管工程，限他一个月之内，画出一座三层、四角、五梯、六门、飞檐、斗拱、盔顶的楼阁图样来。

李鲁班成天躲在房子里，画了又画，算了又算，整整七七四十九天，纸样画了一大堆，不是绘成一座土地庙，就是画成一个过路亭。他累得满头大汗，还是没有画出一个令人满意的图样来。

这个时候，张说特别生气，认为李鲁班在说大话，就对他说："眼下工匠来了那么多，只等你的图了。你这是在耽误大家的时间啊！我再宽限你几天时间，到时候交不出来，绝不轻饶你！"

李鲁班吓出一身冷汗，想来想去，也想不出什么好办法来，一个人坐在洞庭湖边哭起来了。

飞檐 我国传统建筑檐部形式之一，多指屋檐特别是屋角的檐部向上翘起，若飞举之势，常用在亭、台、楼、阁、宫殿、庙宇等建筑的屋顶转角处，四角翘伸，形如飞鸟展翅，轻盈活泼，所以也常被称为飞檐翘角。它能够营造出壮观的气势和古建筑特有的飞动轻快的韵味，为我国建筑民族风格的重要表现之一。

■岳阳楼走廊

三大名楼

文人雅士的汇聚之所

客栈 为古代酒店的称号，人们在出外远行时便会找地方投宿，而提供这些地方供人暂住的就称为客栈。也指设备较简陋的旅馆，兼供客商堆货并代办转运。后来客栈一词已由现实的东西转为聚脚地的代名词。

木工、石匠见他哭得实在伤心，跑过去劝他说："你这个青年人，何必这么认真呢！不知道就不知道嘛，好好地在张大人面前认个错就是了。"

也有人说些风凉话："既然取名鲁班，就一定有鲁班的本领，设计一个小小楼阁算得了什么！"

李鲁班听了这些话，便诚恳地说："各位师傅，我在乡下也做了6年手艺，茅屋瓦房盖过百十来栋，真没有想到画个楼阁会有这么难呀。事到如今，只好请众乡亲帮帮忙，往后再重重地报答诸位。"

这时，有位白发老人从人群中走出来了，大家谁也不知道他叫什么名字，只知道两个月来，他每天都在工地上转来转去，问长问短。

白发老人对李鲁班说："我看真鲁班的技艺也是从小勤学苦练得来的，如果像你这样躲在房子里画图，是很难画出非常壮观的楼阁的。还要多向别的师傅学习呀！"

■岳阳楼建筑

"看样子，您一定也是个木工师傅？"李鲁班恭恭敬敬地向老人说，"您老人家见多识广，请您多多指教！"

"我没有画过图，"老人说："只不过呢，我这里有些小玩意儿，你若喜欢，不妨拿去摆弄摆弄，或许会摆出一些名堂来的。"

说着，老人把背着的包袱打开，里面装的是一大堆长的、短的和圆的以及方的木坨坨，上面还编了号码，他随手往地上一摊，说："若是还差点什么的话，到连升客栈的楼上找我就是了。"

说完之后，白发老人头也不回地走了。

李鲁班抱起那堆木坨坨，蹲在工棚里苦思冥想，摆来弄去，竟连饭也顾不上吃了。

有个年轻木匠见他这样入迷，抓起几个木坨坨往草堆里一丢，说："哼，那个老汉疯疯癫癫的，说不定是个吹牛皮大王，我们真的相信他吗？"

旁边几个老木匠连忙说："年轻人还是谦虚一点的好，人家年纪那么大了，他过的桥，比你走的路还多！你凭什么说他吹牛皮呢？"

■ 岳阳楼城墙台阶

楼阁 我国古代建筑中的多层建筑物。早期楼与阁有所区别，楼指重屋，处于次要位置；阁指下部架空、底层高悬的建筑，居主要位置。后来并无严格区分。楼阁多为木结构，构架形式有井幹式、重屋式、平坐式、通柱式等。佛教传入我国后，大量修建的佛塔即为楼阁建筑。

老木匠们陆续坐下来和李鲁班一起按着木坨坨上面的号码，慢慢地摆弄起来。他们摆了又摆，突然，大家高兴地齐声喊叫起来："快来看啊，一座漂亮的楼阁模样儿做好了！"

木匠们听到后，跑过来一看，果然是一座壮观的楼阁模型。

不一会儿，木匠们都围过了来，大家对此夸赞不已。可是看来看去，就是有个飞檐少了五个斗拱。大家按号码仔细查了一遍，整缺了五个木坨坨。

刚才那个丢木坨坨的青年木匠也跑来了，毫不在乎地说："整整一座楼阁的模样儿都做出来了，差这几个木坨坨愁什么！等我来做几个补上去就是了。"

哪知道他做了一天一夜，木头砍了百十块，就是没有一个合适的，不是长了半分，就是短了半分。这时，他才想起被自己丢掉的那几个木坨坨，很觉得过意不去，只好对大家说："实在对不起大家，只怪我太不懂事，那少了的木坨坨，就是先前被我丢掉的那几个。"

"丢在哪里了？快带我们去找回来。"大家齐声道。

"就在前面茅草堆里。"青年木匠领着大家在那一片野草丛里找来寻去。好不容易找出了四个，还有一个却怎么也找不出来，野草都拔光了，也不见木坨坨的影子。

就在这时，太守张说听说楼阁模型造好了，急忙赶过来一看，果然气派不凡。他高兴极了，连声称赞说："如此壮观、雄伟，真可谓天下第一楼矣！"

"启禀老爷，此楼模型还差一个飞檐斗拱。"

"此楼的模样出自何人之手？快快请来，并将斗拱补上。"

"禀老爷，是个白发老人，不知姓名，只知他住

斗栱 又称斗科、欂栌，我国建筑特有的一种结构。在立柱和横梁交接处，从柱顶上的一层层探出成弓形的承重结构叫拱，拱与拱之间垫的方形木块叫斗。两者合称斗栱。斗栱又有一定的装饰作用，是中国古典建筑显著特征之一。

013

千古名楼

岳阳楼

■岳阳楼石牌坊

楼基 也称地基，是指建筑物下面支承基础的土体或岩体。作为建筑地基的土层分为岩石、碎石土、砂土、粉土、黏性土和人工填土。地基有天然地基和人工地基两类。天然地基是不需要人加固的天然土层。人工地基需要人加固处理，常见有石屑垫层、砂垫层、混合灰土回填再夯实等。

在连升客栈。"

太守张说领着大家急急忙忙奔到连升客栈，要找白发老人。

客栈老板娘听说这张太守亲自来找人，不知出了什么事，连忙慌慌张张跑了出来说："哎呀，这个白发老人进店两个多月了，白天从不在屋，夜间就在楼上又劈又锯地闹到半夜。我还以为他帮人家做家具，谁知道他只给那些孩子做些好玩的。"

"快快打开楼门，让我去看个究竟。"

张说急不可待的样子，把老板娘吓坏了，她连忙把楼门打开，让他查看。

张说上楼一看，没见老人的影子，只见床上摆着一张绘制得精致美观的楼阁图样，桌子上还有十几个木坨坨。老师傅们认真地翻了一阵，发现桌上正好有缺少的那个号码的木坨坨，连忙拿回去一摆，便构成

■岳阳楼北门牌坊

一个完整无缺的楼阁模型了。

大家拍手大笑起来："这才是真鲁班来了，大家一定要把他找到。"

可是谁也不知道他到什么地方去了，张说连忙派人到岳州城内城外四处查访。头一天没找到，第二天还是没影子。

直至第三天清早，忽然有人前来报信，说有个白发老人在湖滩上用石头砌了一个拱洞，又在拱洞上面砌房子。

张说听了，领着几个人连忙赶到湖滩。可是那个白发老人又不见了。只见那石头砌成的拱洞上面，架起了一个非常美丽壮观的楼阁。

■岳阳楼南门牌楼

张说指着湖滩上的楼阁模型，赞叹道："此人才智非凡！用拱洞作楼基可算别具一格。这真是得天之助也！"

他抬头一看，只见一个白发老人，手握一把尺子，正在对面高坡上丈量土地。

张说连忙问众人："前面可是……"

李鲁班高兴地叫喊起来："正是他，正是那位老师傅呀！"

张说忙赶上前去，一边行礼一边说："久仰师傅技艺超群，今日得见，真是三生有幸，敢问师傅莫不是姓鲁？"

白发老人连连摇头说："我不姓鲁，而姓卢，鲁班是我的师傅。"

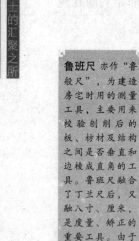

■岳阳楼下的岳阳门

鲁班尺 亦作"鲁般尺"，为建造房宅时用的测量工具，主要用来校验刨削后的板、枋材及结构之间是否垂直和边棱成直角的工具。鲁班尺融合了丁兰尺后，又融入寸、厘米，是度量、矫正的重要工具。由于其特殊的功能，在风水文化、建筑文化中表现最为广泛。

"令师今在何处？请求指点，下官有事求见。"

白发老人指着前面许多木工、泥匠说："你看他正在那里向老师傅们请教哩！"

众人顺着他手指的方向看去，果然有个异样的老人，兴致勃勃地正在和工匠们谈论着什么。

张说领着大家赶过去一看，那些正忙着做事的木工泥匠，仿佛人人都像刚才看见的那个卢师傅，但又分不清哪个是真正的鲁班。

当他们回头再去找那个卢姓师傅时，只见地上留下一把尺子，上面清清楚楚刻了"鲁班尺"三个字。

张说急忙登上当年鲁肃的阅兵台，面对八百里洞庭湖水高声呼喊着："鲁班师傅，请你再来哟！"

湖面上顿时远远近近响起一片"来哟……来

哟……"的回声。

这时，西边天上，红霞万朵，仿佛一个白发老人，乘着一只白鹤，在水天尽头飞升而去。

木工、泥匠师傅们按照那白发老人设计的式样终于造成了楼阁，并以西城门拱洞作为楼基。

人们把三层飞檐拱取名为"鲁班门"。由于这个楼阁位于岳山之阳，所以称它为"岳阳楼"。

此座楼阁为四柱三层、飞檐、盔顶、纯木结构，楼中四柱高耸，楼顶雕梁画栋，金碧辉煌，远远望去，恰似一只凌空欲飞的鲲鹏。

其建筑的另一特色，是楼顶的形状酷似一顶将军头盔，既雄伟非同一般。

飞檐盔顶的纯木结构。楼顶承托在玲珑剔透的如意斗拱上，曲线流畅，陡而复翘，为我国历史古建筑中独一无二的，很具有建筑特色。

鲲鹏 属我国古代神兽之一，最早见于庄子的《逍遥游》。《庄子》说有一种大鸟叫鹏，是从一种叫作鲲的大鱼变来的。传说有一大鱼名曰鲲，长不知几里，宽不知几里，一日冲入云霄，变作一大鸟可飞数万里，名曰鹏。我国史籍记载，在渤海，秦汉以前多见海鲸。鲸体型极大，可长达30米，所以庄子所说的鲲鹏，是指渤海的海鲸。

017

千古名楼
岳阳楼

■岳阳楼建筑

岳阳楼麒麟

此外，岳阳楼的从历代传世的《岳阳楼图》和后来的保持着清代原构史迹的岳阳楼建筑来看，其雕饰整体显示出以灵秀为主的江南雕饰艺术的特征。

楚地气象万千的自然风物与人文精神，使岳阳楼雕饰获得了丰富的滋养。可以说，岳阳楼雕饰兼容了雄健与清秀、硕实与空灵、粗犷与细腻的审美特征。

阅读链接

相传，在重修岳阳楼时，正遇上大寒潮，天气格外寒冷，当地的蔬菜都全部冻死了。那些修楼的木匠吃不上新鲜的蔬菜，个个显得面黄肌瘦，眼睛都看不清东西。

于是，有几个胆大的工匠，就到湖里去捞鱼虾，好给修楼的师傅们下饭。可是，他们在冰冷的湖水里忙了大半天，连一条小鱼都没捞到。

工匠们正要回去，忽然来了一位白发老人，抱着一大堆刨木花。他抓起一把往湖里一撒，口中还念道："刨木花，刨木花，快变鲜鱼莫变虾。今日捉捞十几斤，往后滋养千万家。"

老人刚念完这个咒语，只见他撒入湖里的刨木便立即变成了许多小鱼。不过，这些鱼都没有眼睛和鳞片。

于是，老人又从袋里取出墨斗，用墨汁拌了滩上泥沙，抓起一把黑砂，对着湖面上的鱼群撒下去。这样，那些小鱼立即又有了鱼鳞和眼睛。

工匠们赶紧把这些鱼儿捞回去给修楼的师傅们充饥。师傅们有了小鱼充饥，他们的体力逐渐恢复，也有力气干活了，很快便建成了一座壮观的楼阁。

唐朝文人雅士齐赞岳阳楼

　　岳阳楼建好后，其不仅在建筑结构上有着独特的风格，而且在文学艺术上也有着与众不同的魅力。它是一座诗楼，它的名字也是因诗而得，因诗而传，因诗而著，由此可见，楼与诗有着不解之缘。

　　唐朝的"张说时代"是岳阳楼文人雅集唱和的第一个高潮。

　　张说是武则天、中宗、睿宗、玄宗四朝重臣，是促成李隆基登上帝位的关键人物之一。

　　张说又协助玄宗李隆基剪除太平公主势力，以功拜中书令，封为燕国公，后来与许国公苏颋并称为"燕许大手笔"。

　　张说任岳州刺史时，从一下

岳阳楼内塑像

翰林 是我国古代官名，是皇帝的文学侍从官，翰林院从唐朝起开始设立，始为供职具有艺能人士的机构，但自唐玄宗后演变成了专门起草机密诏制的重要机构，院里任职的人称为翰林学士。明、清改从进士中选拔。

船，就爱上了那里的山山水水。尤其是在岳阳楼建好以后，常与一些文人墨客登楼吟诗作赋。也经常与友人泛舟于洞庭湖上，同他们一起上君山，入南湖，共同陶醉于洞庭的美景。

岳州美丽的山水激发了张说奔涌的文思。他在岳州期间以山水为题材创作了大量诗歌作品，后来自己结集付梓，题名《岳阳集》，仅收入《全唐诗》的就有40多首。

张说在岳阳的文学创作活动不是孤立静止的。在他的带动下，一大批文人学士都来亲近岳阳的山水楼台，形成了一个独特的文化现象。

与张说雅集酬唱的有各个方面的人士，一类是一道遭受贬谪的流寓者；另一类是过往岳州的朝廷命

■岳阳楼景色

官；再有的是仰慕张说诗名、慕名而来的诗界好友。他们的创作活动，对于盛唐诗风的形成有着推波助澜的积极作用。

岳阳楼的雅集唱和也对后世产生了极大的影响力，不仅岳阳楼美名远扬，而且以后历朝历代，文人学士、达官谪宦，闻风慕名而来，"迁客骚人，都会于此"，岳阳楼从此与天下文运息息相关。

稍晚于张说，岳阳楼又一次出现了文星会聚、歌吟不绝的繁盛局面。

李白画像

盛唐诗坛的李白、杜甫、孟浩然、白居易、李商隐、李群玉等人相继登临岳阳楼，创作了一批震烁古今的精品力作，并写下了成百上千语工意新的佳句，使岳阳楼具有了浓厚的文化意蕴。

唐代"诗仙"李白，字太白，号青莲居士，他幼年随父迁居蜀地。李白天赋聪颖，有奇才，12岁便能诗文，25岁时，怀抱"四方之志"出三峡，从此他漫游各地，南浮洞庭，东游吴越，北上太原，东到齐鲁。

唐玄宗时，李白被召为翰林供奉。不久，因受谗言诋毁，被迫离开长安。自此之后，他长期漂泊流浪，游踪所及大半中国，期间曾经六次到达岳阳，留下吟咏洞庭湖、岳阳楼、君山的优美诗篇20多首。

李白的诗，是一种智慧之美、浪漫之美，与岳阳楼的胜景交相辉映，令历代的诗人、画家和官府仕人向往不已。

■ 唐代岳阳楼模型

759年，李白出于平定安史之乱的爱国热忱，做了永王李璘的幕僚，后来永王争夺帝位失败，李白也受到牵连，被流放夜郎，即今贵州桐梓一带，但他的爱国之心丝毫没有减弱。

后来正赶上朝廷大赦，李白喜出望外，往来于岳阳、金陵间，对岳阳楼、洞庭湖、君山等胜景，赞叹不已。写下了《与夏十二登岳阳楼》、《巴陵赠贾舍人》、《陪族叔刑部侍郎晔及中书贾舍人至游洞庭五首》、《陪侍郎叔游洞庭湖醉后三首》、《与贾至舍人于龙兴寺剪落梧桐枝望湖》等许多诗篇。

李白尽情痛饮，狂笔啸歌巴陵胜状，在《与夏十二登岳阳楼》一诗中写道：

楼观岳阳尽，川迥洞庭开。

雁引愁心去，山衔好月来。

云间连下榻，天上接行杯。

醉后凉风起，吹人舞袖回。

759年，李白流放途中遇赦，回舟江陵，南游岳

幕僚 在古代称将幕府中参谋、书记等，后泛指文武官署中佐助人员。由于设于帷幕中，所以又叫"幕府"，而统率左右的僚属，也因之被称为"幕僚"、"幕职"。幕僚种类繁多，有统率司令部工作的"长史"；有参议军机，帮助指挥军事行动的"参军"等。

阳而作此诗。这里的"夏十二"是李白的朋友，排行十二。李白登楼赋诗，留下了这首脍炙人口的篇章，使岳阳楼更添一层动人的色彩。

诗人一方面反映物象，另一方面借景抒情，将自己积极入世，关心民族，风流俊逸的情感跃然纸上，感情和景物互相衬托而融合为一。已有史料表明，这是"岳阳楼"名称第一次见于名人诗歌题咏中，后为世人所沿用。

李白陪族叔李晔和中书舍人贾至泛舟洞庭，豪情满怀地吟道：

> 南湖秋水夜无烟，耐可乘流直上天？
> 且就洞庭赊月色，将船买酒白云边。

李白的这首诗，气势非常壮阔，风光非常深远，与诗祖屈原大胆地幻想夸张是一脉相承，堪称八百里

■ 杜甫与李白蜡像

屈原（前340—前278年），姓屈氏，名平，字原。是我国最早的浪漫主义诗人。创立"楚辞"文体，代表作品有《离骚》、《九歌》、《九章》、《天问》等。他的出现，标志着我国诗歌进入一个由集体歌唱到个人独唱的新时代。

湖光山色的千古绝句。

据说李白游览岳阳，登岳阳楼曾亲笔书写一联："水天一色；风月无边"在这一楹联中，作者生动地描绘了洞庭湖水天相接，楼湖相映，碧水苍天，无边无际，气象万千的自然景色，直接倾泻了诗人内心的激情，为文人学士所推崇。尽管有人提出过质疑，但人们相信是真的，一直将它珍藏于岳阳楼主楼内。

759年农历八月，襄州守将康楚元、张喜延发动叛乱。当时正在岳阳的李白，挥笔写了《荆州贼乱临洞庭言怀作》一诗，愤怒地把叛贼痛斥为横行洞庭的"修蛇"，表达了诗人渴望迅速平定叛乱的心情。

九月九日重阳节这天，李白登上巴陵山，适逢讨伐康、张的唐朝水军在洞庭上布阵。他心情异常激

■岳阳楼周边建筑

动，在《九日登巴陵置酒望洞庭水军》中描写了这一
雄壮的场面：

■杜甫泥塑像

> 九日天气清，登高无秋云。
>
> 造化辟川岳，了然楚汉分。
>
> 长冈鼓横波，合沓蹙龙文。
>
> 忆昔传游豫，楼船壮横汾。
>
> 今兹讨鲸鲵，旌旗何缤纷。
>
> 白羽落酒樽，洞庭罗三军。
>
> 黄花不掇手，战鼓遥相闻。
>
> 剑舞转颓阳，当时日停曛。
>
> 酣歌激壮士，可以摧妖氛。
>
> 握蕲东篱下，渊明不足群。

巴陵山 又名天岳
山，在湖南岳阳
治西南隅，濒临
洞庭湖。李白登
上岳阳楼后，远
望天岳山南面一
带，无边的景色
尽收眼底。江水
流向茫茫远方，
洞庭湖面浩荡开
阔，汪洋无际。
这是从楼的高处
俯瞰周围远景。

李白的这首诗充分表达了自己不学陶潜消极避

夔州 我国历史名城。夔州初为夔子国，是巴人的主要聚居地之一。战国时，属楚国管辖，秦汉时改为鱼复。222年，刘备兵伐东吴，遭到惨败，退守鱼复，将鱼复改为永安。649年改称奉节县，隶属夔州府，因奉节是夔州府治地，所以人们便称它"夔州"或"夔府"。

世，而与平叛将士为伍，关怀人民的正义感情。

他在另一首诗《秋登巴陵望洞庭》中写道："瞻光惜颓发，阅水悲徂年。"其报国之心依然未减。

李白一生政治抱负甚大，却屡屡失败，"济苍生"之志终难施展。761年，李白听闻太尉李光弼率兵讨伐安史叛军，他不顾61岁高龄，前往请缨杀敌，因病返回，第二年病死于安徽当涂。

除了李白，诗圣杜甫是在岳阳留诗最多的一人。768年秋，杜甫离开夔州，出三峡，到江陵，迁居湖北公安。年底，沿江东下，漂泊到湖南岳阳。此时，杜甫已57岁，体弱多病，拖家带口，生活窘迫，但总是关怀着国家的安危和人民的疾苦。

杜甫登上岳阳楼，面对浩渺的洞庭湖，百感交集，写下了千古绝唱《登岳阳楼》诗：

昔闻洞庭水，今上岳阳楼。

吴楚东南坼，乾坤日夜浮。

亲朋无一字，老病有孤舟。

■ 岳阳楼周边的古建筑

戎马关山北，凭轩涕泗流。

这首诗高度概括了洞庭湖的雄伟壮观，抒发了诗人忧国忧民的广阔胸怀，创造性地赋予律诗以重大的政治和社会内容，具有强烈的爱国精神，成为历代题咏岳阳楼的压卷之作。

杜甫在769年春，离开岳阳，南行投靠亲友，临行前，再登岳阳楼，写了一首《陪裴使君登岳阳楼》的诗：

■岳阳楼古风建筑

湖阔兼云雾，楼孤属晚晴。

礼加徐孺子，诗接谢宣城。

雪岸丛梅发，青泥百草生。

敢违渔父问，从此更南征！

杜甫的这首诗表达了诗人不论怎样困苦，也不论漂泊到什么地方，不沉沦、"更南征"的积极思想感情和态度。

769年冬天，杜甫病中重返岳阳，在风雨飘摇的舟中，写下了他人生的绝笔《风疾舟中伏枕书怀三十六韵奉呈湖南亲友》：

水乡霾白屋，枫岸叠青岑。

郁郁冬炎瘴，蒙蒙雨滞淫。

鼓迎方祭鬼，弹落似鸮禽。

太尉 我国秦汉时中央掌管军事的最高官员，秦朝以"丞相"、"太尉"、"御史大夫"并为"三公"。后逐渐成为虚衔或加官。自隋撤销府与僚佐，太尉便成为赏授功臣的赠官。宋代是辅佐皇帝的最高武官。为三公之一，正二品。而后作为以游牧征战为主的元朝，太尉更是不常置，明朝废除。

兴尽才无闷，愁来遽不禁。

这首诗说明诗人当时在舟中最后看到的正是岳阳洞庭湖边的冬雨景物。在此后不久的770年冬，杜甫就死在这条破船上，终年58岁。

在盛唐诗人中，孟浩然是唯一终身不仕的诗人。在他人眼里，孟浩然是一位地地道道的隐逸诗人，一位文才横溢而又飘然出尘的逸士。李白就曾说道："吾爱孟夫子，风流天下闻。红颜弃轩冕，白首卧松云。"这是诗人李白心目中的孟浩然，也是一般唐人心目中的孟浩然。

其实，孟浩然并非无意仕途，年轻时候的他，虽然生活在家乡的山清水秀之中，但内心怀着积极的抱负。与盛唐其他的诗人一样，孟浩然也怀有济时用世的强烈愿望，他在《临洞庭湖赠张丞相》一诗中写道：

八月湖水平，涵虚混太清。

气蒸云梦泽，波撼岳阳城。

欲济无舟楫，端居耻圣明。

坐观垂钓者，徒有羡鱼情。

　　这是一首具有高超艺术技巧的自荐诗。诗的前四句写景，泼墨如水，浓描洞庭，堪称写景佳句。孟浩然的高明之处就在于借景抒情，寓情于景，既烘托出作者经世致用的壮志雄心，又暗示张九龄海纳百川的胸襟气度。

　　可见，孟浩然和杜甫同写岳阳楼的诗都为经典之作，都写出了岳阳楼的美，且同中有异，各有千秋，

■岳阳楼风光

给人很多的启发。

岳阳楼在这些知名文人学士赋诗留墨后更加声名远播了，也使得人文景观与自然风景结合，相得益彰，同样使得岳阳楼的文化景象在唐代达至高峰。

这一时期的岳阳楼古朴简单而又不失庄重。唐代又是泱泱大国，是世界上最强大的国家。世界各国的使节都纷纷造访，其政治经济文化对世界都有一定的影响，在其他国家还可以看到一些相似于唐代楼阁的建筑。其"岳阳楼"三字牌匾由书法大师颜真卿书写。

阅读链接

据说，当年，描写岳阳楼的诗文中，尤其以杜甫的《登岳阳楼》最为著名，而关于杜甫写作这首诗，还有一个传说：

杜甫当年到岳阳时，搭乘了一位名叫稚子的年轻渔民的渔船，当时杜甫身体虚弱，又在船上吹了冷风，到了岳阳后便一病不起。

稚子是个喜欢杜甫诗词的后生，在船上听杜甫吟李白的诗，很是欢喜，但他不知道身边的老人就是杜甫，老人病着，稚子便留老人在船上养病，每日精心伺候。杜甫病好些后和稚子一同登上岳阳楼，并写下这首《登岳阳楼》，稚子看到题款，才知老人即是杜甫。

杜甫临走时，将这首诗送给了稚子。大约五年后，稚子和杜甫在岳阳楼相遇，此时的杜甫弱不禁风，病入膏肓，虽然稚子又是煎药又是熬鱼汤，杜甫还是撒手而去。

杜甫死后，稚子经过三年的劳碌奔波，终于有了足够的钱请石匠把杜甫的《登岳阳楼》刻在了石碑上，并修建了亭子，名为"怀甫亭"。

北宋腾子京募捐重建楼阁

1044年，滕子京被贬至岳州，当时的岳阳楼已坍塌，滕子京于1045年在广大民众的支持下重修了岳阳楼，并请范仲淹撰写千古名文《岳阳楼记》。

滕子京是北宋文武兼备、十分能干的大臣，他到岳州任职后，忠

■宋代岳阳楼模型

■ 岳阳楼城墙

于职守，勤政为民，兴利除弊，为群众做实事，老百姓安居乐业，仅仅一年多点时间，便取得了骄人政绩，被北宋文学家欧阳修称之为："去宿弊以便人，兴无穷之长利"。

一次，滕子京在游览岳阳楼的时候，凭栏远眺，见湖光山色，诗兴大发，写下了《临江仙》词：

湖水连天，天连水，秋来分外澄清。君山自是小蓬瀛，气蒸云梦泽，波撼岳阳城。

帝子有灵能鼓瑟，凄然依旧伤情。微闻兰芷动芳馨，曲终人不见，江上数风清。

《临江仙》写景抒情，很有气势。作者自己也被这首词打动了，他认为"天下郡国，非有山水环异者不为胜，山水非有楼观登临者不为显"，决心要让更多的人欣赏这洞庭美景。但是，当他看着岳阳楼破败不堪的样子，颇为感慨，决心加以修缮。

但重修岳阳楼要花费巨资，滕子京想出了一个很好的办法，"不用省库钱，不敛于民"，意思是既不动用政府公款，也不直接从老百姓那里搜刮，而是想出了一个非常奇特的办法来解决经费问题。

那么钱从哪里来呢？滕子京发了一个告示，要求民间凡有别人欠了多年没能偿还的债务，献出来帮助朝廷，由朝廷代为催讨，用来建岳阳楼。于是债主先行告发，欠债者争相献出，竟得到近一万缗钱。

滕子京就在自己的办公场所旁边设置了一个钱库，将这笔巨款放在里面，也不设专门的主管官吏和账目，由自己亲自掌管。

因为有如此雄厚的财力，所以岳阳楼修得"极雄丽"、"所费甚广"，老百姓对此纷纷称赞。

岳阳楼成之后，滕子京镌刻唐代及当朝的诗赋于上面，使之显得古香古色，端庄优雅。

滕子京是一位具有远见卓识的名臣，他认为"楼观非有文字称记

■双公祠

者不为久，文字非出于雄才巨卿者不成著。"他认为，前朝诗人未能尽抒岳阳洞庭之景，唯有唐代诗人吕温的"襟带三千里，尽在岳阳楼"。

1046年6月，滕子京再请人画了一幅《洞庭秋晚图》后，又修书一封，给他的好友范仲淹，请这位雄才巨卿为岳阳楼作记。

此时的范仲淹，也正被贬在河南邓州做知州，真可谓"同是天涯沦落人"。有所不同的是，范仲淹与滕子京在处世上相差很大。滕子京"尚气，倜傥自任"，是个很有脾气的人，又有点刚愎自用，很难听进去别人的意见，他对自己的无端被贬为岳州知州一事始终耿耿于怀，常常口出怨言。

据说，岳阳楼落成之日，他的部下前来祝贺，他却说："落甚成！待痛饮一场，凭栏大恸十数声而

吕温（771年—811年），字和叔，又字化光。798年中进士，第二年又中博学宏词科，授集贤殿校书郎。803年，得王叔文推荐任左拾遗。贞元二十年夏，以侍御史为入蕃副使。808年秋，因与宰相李吉甫有隙，贬道州刺史，后徙衡州，甚有政声，世称"吕衡州"。

■ 范仲淹滕子京铜像

■ 邵竦篆刻的《岳阳楼记》

已。"本当高兴之际，滕子京却万般悲伤涌上心头，可见他还没有走出被贬官带来的打击。

范仲淹见滕子京书信后，精神大振，奋笔疾书。9月15日，范仲淹作成《岳阳楼记》。

《岳阳楼记》写好以后，广为传诵，虽然短文只有寥寥369字，但其内容之博大，哲理之精深，气势之磅礴，语言之铿锵，可谓匠心独运，堪称绝笔。

范仲淹把对岳阳的吟诵推向了高潮，他写下的《岳阳楼记》成为了千古奇文，"先天下之忧而忧，后天下之乐而乐"成了表达众多的仁人志士忧国忧民的高尚情怀。自此之后，楼以文名、文以楼传，文楼并重于天下。以后历朝历代的诗人作家在此留下了大量优美的诗文。

滕子京重修之后的岳阳楼规模是最大的，结构是最复杂的，四面八角，二十四个屋檐。后来，滕子京又请当时的大书法家苏舜钦手书写范仲淹的《岳阳楼

范仲淹 （989年—1052年），字希文，世称"范文正公"。北宋著名的政治家、思想家、军事家和文学家。他为政清廉，体恤民情，刚直不阿，力主改革，屡遭诬谤，数度被贬。谥文正，封楚国公、魏国公。有《范文正公全集》传世。

■ 宋代岳阳楼

记》，并由邵竦篆刻。

人们把滕修楼、范作记、苏手书、邵篆刻，称为"天下四绝"，并竖立了"四绝碑"以示纪念，此碑石一直保存完好。

此外，滕子京还派人把这"四绝碑"雕刻了一份"四绝雕屏"，上面清楚地记载着范仲淹的《岳阳楼记》：

苏舜钦（1008年—1048年），北宋诗人，字子美，开封人。曾任县令、大理评事、集贤殿校理，监进奏院等职。因支持范仲淹的庆历革新，为守旧派所恨，罢职闲居苏州。他与北宋著名现实主义诗人梅尧臣齐名，人称"梅苏"。

庆历四年春，滕子京谪守巴陵郡。越明年，政通人和，百废俱兴，乃重修岳阳楼，增其旧制，刻唐贤今人诗赋于其上。属予作文以记之。

予观夫巴陵胜状，在洞庭一湖。衔远山，吞长江，浩浩汤汤，横无际涯；朝晖夕阴，气象万千。此则岳阳楼之大观也，前人之述备矣。然则北通巫峡，南极潇湘，迁客骚人，多会于此，览物之情，得无异乎？

若夫霪雨霏霏，连月不开，阴风怒号，浊浪排空；日星隐曜，山岳潜形；商旅不行，樯倾楫摧；薄暮冥冥，虎啸猿啼。登斯楼也，则有去国怀乡，忧谗畏讥，满目萧然，感极而悲者矣。

至若春和景明，波澜不惊，上下天光，一碧万顷；沙鸥翔集，锦鳞游泳；岸芷汀兰，郁郁青青。而或长烟一空，皓月千里，浮光跃金，静影沉璧，渔歌互答，此乐何极！登斯楼也，则有心旷神怡，宠辱偕忘，把酒临风，其喜洋洋者矣。

嗟夫！予尝求古仁人之心，或异二者之为，何哉？不以物喜，不以己悲；居庙堂之高则忧其民；处江湖之远则忧其君。是进亦忧，退亦忧。然则何时而乐耶？其必曰"先天下之忧而忧，后天下之乐而乐"乎。噫！微斯人，吾谁与归？

时六年九月十五日。

阅读链接

1043年，由于群臣交荐，宋仁宗任范仲淹为枢密副使，参知政事。范仲淹深知当时"官乱于上，民困于下，夷狄骄盛，寇盗横炽"的严重危机，当政以后，力举改革政事。

那时，范仲淹结交了韩琦、富弼、欧阳修、滕宗谅等一大批主张革新的新锐人物，提出"明黜陟、抑侥幸、精贡举、择长官、均公田、厚农桑、修武备、减徭役、覃恩信、重命令"十项主张，想要改革政治，发展生产，做到百姓安乐，国富兵强。但因触动了大官僚的利益，又因仁宗没有主见，遭到保守派的极力反对。

1044年春，好友滕子京因受弹劾而被贬岳州。1045年1月，范仲淹的参知政事被罢免，改知邠州，不久又改知邓州。

1046年夏天，谪守巴陵的滕子京重修岳阳楼，绘了一幅《洞庭晚秋图》，派人带信和图去请范仲淹写"记"，他便欣然命笔写成了这篇名文《岳阳楼记》。

历代官员对楼阁的维修

　　岳阳楼自建好后就多灾多难，历史上有据可查的重修就达32次之多。除张说，滕子京重修外，据史料记载，1078年又遭大火，楼被大火烧毁，楼内的"四绝雕屏"毁于一旦。

■岳阳楼建筑

1079年，当时代理郡守郑民瞻又重修了岳阳楼，他作记并赋诗抒怀：

■岳阳楼浮雕

> 遍历江山只此楼，名传自古又今修。
> 却观湘水浮新景，重对君山说旧游。
> 风月依然如故友，轩窗今复冠南州。
> 远追张相滕侯迹，幸蹑前观状胜游。

1129年，岳州发生大火，岳阳楼受损。1138年，当时的岳州知州重新修整了岳阳楼。1178年，诗人陆游路经岳州，写有《登岳阳楼》等诗。1224年6月下旬，岳州连遭火灾，岳阳楼毁于火，不久被修复。

元朝时，时任岳州官员的李应春在至元年间曾重修岳阳楼。这一时期的岳阳楼是一座两层三檐的建筑。在元朝，中原地区是来自草原的蒙古族所统治，

郡守 又称太守，是我国古代的职官称谓，一般是掌理地方郡一级的行政区之地方行政官。我国在战国时就开始设置郡守。当时，列国在边境冲突地区设立郡的建制，作为综合行使军政权力的特别行政区，长官称守。原本是武职，后来逐渐成为地方的行政长官。秦统一后，每郡置守，治理民政。

■元代岳阳楼模型

宝顶 为建筑构件，用于封护攒尖顶雷公柱使不受雨水等侵蚀，所用材料多为金属或琉璃，形状有圆形、束腰圆形或宝塔形。其有丰富的装饰性。它是我国传统的建筑构件之一，它屹立在亭、殿、楼、阁等建筑物的最高处。常见的宝顶为彩色琉璃、束腰呈圆形等，四周有浮雕图案。

所以，元代的岳阳楼就带有一些蒙古族的风格特点。

1426到1438年间，明威将军、岳州卫指挥佥事刘彦真整修岳阳楼。至此以后，岳州知府易善编刻《岳阳楼诗集》。

1506年，岳州知府刘焕重刻"四绝碑"。明嘉靖二年，岳州知府韩士英重修岳阳楼，编刻《岳阳楼诗集》，徐文华作《岳阳楼诗集序》。

后来，岳州遭遇暴雨，大水成灾，岳阳楼楼柱被雷击破，楼体下半部分被水浸泡，看上去似乎有倒塌趋势，失去了昔日的美观。

1567年，岳州知府李是渐修缮城墙，并重修了岳阳楼。后在《三才图绘》中写道：

> 岳阳楼，其制三层，四面突轩，状如十字，面各二溜水。今制，架楼二层，高四丈五尺。

1639年，岳阳楼又一次毁于战火。岳州府推官陶宗孔于第二年重建岳阳楼。

明代的岳阳楼是非常有特色的，它是一个六边形的建筑，花纹装饰特别繁杂，上面还铸有宝顶，带有非常浓厚的宗教色彩。

明朝的开国皇帝朱元璋在当皇帝之前，曾在皇觉寺当过一段时间和尚。他当上皇帝后，非常推崇宗教文化。所以，明代的岳阳楼就富有浓厚的宗教色彩。

至清朝时，岳阳楼又经历多次重修。1683年春，岳州知府李遇时、巴陵知县赵士珩倡捐重建岳阳楼，另加修楼右侧的净土庵，楼左侧的仙梅亭。楼修复后，当时的名士李遇时、杨柱朝还写下了《重修岳阳楼记》。

1740年，当时的湖广总督拨银6000多两，修缮岳州府城垣及岳阳楼。岳州知府田尔易、巴陵知县张世芳兴工重修岳阳楼及城垣，并于第二年完工。

041

千古名楼

岳阳楼

■ 明代岳阳楼

重建的岳阳楼一共三层，楼右侧建有客栈。黄凝道在任岳州知府期间，对岳阳楼再次进行修葺，并捐资修建客栈前厅。

1743年，岳州知府黄凝道请刑部尚书张照书写范仲淹的《岳阳楼记》，勒于楼屏。张照，江苏华彦人，官至刑部尚书，清乾隆时著名宫廷书家。

当时，岳州新任知府黄凝道对岳阳楼进行

■岳阳楼建筑

文人雅士的汇聚之所

笔墨纸砚 是我国独有的文书工具，即文房四宝。笔、墨、纸、砚之名，起源于南北朝时期。历史上，"笔、墨、纸、砚"所指之物屡有变化。在南唐时，"笔、墨、纸、砚"特指诸葛笔、徽州李廷圭墨、澄心堂纸，江西婺源龙尾砚。自宋朝以来"笔、墨、纸、砚"则特指湖笔、徽墨、宣纸、端砚。

了维修，工程竣工后，想找一个大书法家书写《岳阳楼记》雕屏。

黄凝道偶然听说因书法独具一格，被乾隆皇帝钦点为探花的张照解运粮草经过岳州，因张照恃才傲物，黄凝道担心他不肯留墨，便亲自去洞庭庙烧香，求洞庭王爷保佑到时湖上刮三天三夜大风，让张照的船过不了湖。

第三天，张照的船队到达岳州，船一靠岸，张照便对黄凝道说，皇命在身，登楼解愿即走。

黄凝道非常失望，传说，张照登完楼正要离去，突然狂风四起，乌云翻滚。张照没办法，只好歇下来。黄凝道乘机求墨，张照只得接过笔墨纸砚。刚一书完，洞庭湖上已是雨过天晴，此时，张照就告别了黄凝道乘舟离去。

张照所书写的《岳阳楼记》雕屏就悬在岳阳楼的

二楼，以供人们观赏。雕屏由12块巨大紫檀木拼成，文章、书法、刻工、木料全属珍品，人称"四绝"。

1774年，岳州知府兰第锡、巴陵知县熊懋奖请求修茸府城。经湖南巡抚梁国治、按察使敦福、布政使农起等先后具奏，共拨帑银69820两，修茸府城垣及岳阳楼、文星阁。

1775年，巴陵知县熊懋奖承修岳阳楼，并于楼右侧建望仙阁，于楼左侧重建仙梅亭。后来，岳州代理知府翟声诰修茸岳阳楼，并修建了斗姆阁。教谕王可权于仙梅亭在左新建宸翰亭，摹勒"印心石屋"字碑置于亭内。

1867年，曾国荃拨岳州的卡厘税重修岳阳楼。将斗姆阁改建为三醉亭。修复经亭，何绍基书"留仙亭"字匾，悬于亭额。后来，岳州知府张德容在劝捐

■清代岳阳楼建筑

■岳阳楼湖畔

整修岳阳楼的同时，下令重修了宸翰亭。

1880年，岳州知府张德容又重建岳阳楼，将楼址东移近20米。同时，重新修建了仙梅亭、三醉亭，加固湖边驳岸及城上雉堞。于正月动工，12月竣工。

岳阳楼虽然数遭水患兵燹，屡圮屡修，但最终还是确定了其形制，保留了文化价值。

阅读链接

在后来的岳阳楼内，《岳阳楼记》的雕屏一共有两个，这是为什么呢？

在清道光年间，岳阳来了个姓吴的知县，他一上任就看中了《岳阳楼记》雕屏，便贿赂民间艺雕高手，仿制雕屏赝品。

两年后，吴知县趁调离岳阳楼之机，偷梁换柱，携带雕屏真迹出逃了。船行至青草湖时，狂风大作，吴知县一家葬身鱼腹，雕屏沉入湖中。那个赝品，因做工精巧，谁也没有发觉。

后来，湖干水浅，《岳阳楼记》雕屏真迹才被渔民发现，打捞上来，不慎将第八块板上"歌互"两字和第十块板上"乐"字损坏了。当地文士吴敏树用120两银子从渔民手中将雕屏购回，花了3年时间临摹张照手迹，才补上被损的三个字。

又经过了很多年，《岳阳楼记》雕屏真迹终于完整地回到了岳阳楼。但是，由于岳阳楼内一楼的门厅内已经有了一幅雕屏，人们便将这幅真迹放在了楼阁的第二层。

重修以后的岳阳楼全貌

在1700余年的历史中，岳阳楼屡修屡毁又屡毁屡修。后来的岳阳楼，是在1880年重建的岳阳楼基础上进行整修的。

在这次的修整中，人们还同时修建了周围的南极潇湘、北通巫峡、朝晖夕阴、气象万千四座牌坊，刷新了怀甫、三醉、仙梅三座辅亭。刷新了怀甫亭、三醉亭、仙梅亭等古迹。

■岳阳楼

■岳阳楼景致

君山 古称洞庭山、湘山、有缘山，是八百里洞庭湖中的一个小岛，与千古名楼岳阳楼遥遥相对，总面积0.96平方千米，由大小72座山峰组成，被"道书"列为天下第十一福地。君山名胜古迹比较多，其文化底蕴非常深厚，此外，君山岛有5井4台、36亭、48庙。

为此，修复后的岳阳楼保存了清朝的式样和大部分的建筑构件。岳阳楼的建筑构制独特，风格奇异。气势之壮阔，构制之雄伟，堪称江南名楼。

岳阳楼坐东向西，面临洞庭湖，遥见君山。楼平面呈矩形，正面三间，周围廊，三层三檐，主楼高21.35米，台基以花岗岩围砌而成，平面呈长方形，台基宽度为宽17.2米，进深15.6米，占地251平方米。

在建筑风格上，前人将其归纳为木制、四柱、三层、飞檐、斗拱、盔顶。纯木结构，楼中四柱高耸。

岳阳楼是纯木结构，整座建筑没用一钉一铆。如此雄伟的楼阁，仅靠木制构件的彼此勾连，既要承接无数游人的重量，又要经受岁月的剥蚀，这样精湛的建筑工艺，实在让人叹为观止。

"四柱"指的是岳阳楼的基本构架，首先承重的主柱是四根巨大的楠木，这四根楠木被称为通天柱，从一楼直抵三楼。

岳阳楼的柱子除四根通天柱外，其他的柱子也都是四的倍数。其中廊柱有12根，主要对二楼起支撑作用，再用32根梓木檐柱，顶起飞檐。这些木柱彼此牵制，结为整体，既增加了楼的美感，又使整个建筑更加坚固。

岳阳楼的三层楼采用如意斗拱承担楼顶，全楼纯木质结构，榫卯契合，十分坚固耐久。

"斗拱"是我国建筑中特有的结构，由于古代建筑中房檐挑出很长，斗拱的基本功能就是对挑出的屋檐进行承托。这种方木块叫作"斗"，托着斗的木条叫作"拱"，二者合称斗拱。

岳阳楼的斗拱结构复杂，工艺精美，几非人力所能为，当地人传说是鲁班亲手制造的。斗拱承托的就是岳阳楼的飞檐，岳阳楼三层建筑均有飞檐，叠加的飞檐形成了一种张扬的气势，仿佛八百里洞庭尽在掌握之中。

岳阳楼第一层有三大间，有檐廊而无廊柱，挑檐

榫卯 也称斗榫，就是指在两个木构件上所采用的一种凹凸结合的连接方式。凸出的部分叫榫或榫头；凹进的部分叫卯或榫眼、榫槽，这是我国古代建筑、家具及其他木制器械的主要结构方式。在我国古代建筑中，原则上采取榫卯连接的方式，必要时也会用铁钉。

■ 岳阳楼远眺

宽大，至檐角部分，又向上挑起与柱脊平齐。第二层也是三大间，有回廊并安设栏杆，檐角仍然向上挑承与屋檐子挑角相仿。

第三层则为三小间，相当于一二层的一间半，檐下使用斗拱作为盔顶，檐角部仍然向上挑起与下两层相仿，只是脊部有弧线、曲线，正脊中心还安设了脊刹。

岳阳楼三层的飞檐与楼顶结为一体，形成层叠相衬的"如意斗拱"托举而成的盔顶式，这种拱而复翘的古代将军头盔式的顶式结构在我国古代建筑史上是独一无二的。

楼顶檐牙啄，金碧辉煌，远远而望，恰似一只凌空欲飞的鲲鹏。顶部和飞檐是琉璃黄瓦，门窗土红，柱则朱红，配色协调，又与蓝天碧水交相辉映。乘船在洞庭湖中仰望，岳阳楼恰似一幅彩帐挂于云天堂皇富丽。

岳阳楼除了主楼外，在它的南北和院内还建有仙梅亭、三醉亭和怀甫亭等辅亭，它们也跟岳阳楼一样，具有各自不同的建筑特色。

其中，仙梅亭位于岳阳楼南侧，为岳阳楼主楼辅亭之一，与三醉亭相对应。仙梅亭是一座呈六角形，二层三檐，檐角高翘，纯木结构，玲珑雅致的小亭。亭子占地面积44平方米，高7米。上盖绿色琉璃

岳阳楼院内景物

■岳阳楼古亭

筒瓦，状如出水碧荷。

　　仙梅亭初建于明朝崇祯年间。当时，推官陶宗孔重建岳阳楼时，于楼基沙石中得石一方，去其泥水，显出二十四萼枯梅一枝，时人以为神物，称之"仙梅"，乃建亭，置石其中，名"仙梅堂"。

　　1775年，岳州知县熊懋奖重建岳阳楼时，在遗址上复建其亭，同时改仙梅堂为仙梅亭。

　　1867年，由总督曾国荃拨卡厘税对岳阳楼全面重修时，仙梅亭也得了一次大的修葺，并将仙梅亭改为留仙亭。时隔不久，1880年，知府张德容在重建岳阳楼时，又将留仙亭复改为梅亭。

　　有关仙梅亭的传说很多，且说法不一，真正以文详细记载的，还是仙梅亭中竖立的那块青石板。青石板的一面是知县熊懋奖维修岳阳楼时，请画工临摹的一幅梅花图，另一面是他亲自着文记载其事的刻碑。

推官　我国古代官名。唐代开始设置，最早是节度使、观察使等官的属官，多掌理司法，不系京职，后期成为对法官的雅称。元代各路总管府亦有推官，以掌理刑狱。明代各府设推官，掌理刑名，处理民刑讼事。清末改称推官为"推事"。

■ 吕洞宾陶像

现在亭台是人们按古代的原貌重修的，亭高9米，二层二檐木结构，亭顶覆盖绿色琉璃瓦。亭旁栽有松、竹、梅"岁寒三友"，与"仙梅"虚实相映，予人以丰富想象。清人花湛露《书仙梅亭》中曾有"坚贞一片不可转，此是江南第一枝"诗句赞美该亭。

三醉亭位于岳阳楼北侧，是供奉吕洞宾的地方，与岳阳楼南侧的仙梅亭遥相呼应，据光绪《巴陵县志》记载：三醉亭最开始建于清乾隆年间的1775年初，清道光年间的1839年，岳州知府翟声浩重修岳阳楼，在望仙阁的旧址上，重建了这座小楼阁，并改名为斗姆阁。

1867年，湘军主要将领之一曾国荃根据吕洞宾三醉岳阳楼的故事，改斗姆阁为三醉亭。

吕洞宾是民间传说中的八仙之一，他曾两次投考进士都名落孙山，后来看破红尘，不再走读书做官的路，而去四处云游。后来，吕洞宾在庐山遇到汉钟离，汉钟离传给他剑术和长生不老的秘诀，成了仙。

成仙后，吕洞宾施药救人、广行善事，深受人们敬重，加之他被元朝皇帝封为"孚佑帝君"，是道教北五祖之一，岳阳楼才盖上了封建时代帝王专用的黄色琉璃瓦，作为吕仙的停云地。

北五祖 是道教全真道尊奉的北宗五位祖师。即王玄甫、钟权、吕洞宾、刘海蟾、王重阳。全真道为表明该派道统源远流长，称太上老君传于金母，金母传白云上真，白云上真传王玄甫，王玄甫汉钟离，汉钟离授吕洞宾和刘海蟾，吕洞宾授王重阳，重阳授北七真。

三醉亭，因传说中的吕洞宾三醉岳阳楼而得名。据《辞海》中记载，吕洞宾的神话传说，大概最早起于北宋岳州一带。

相传，吕洞宾三次到岳阳楼，为这里的山、水和美酒所迷，每次都喝得大醉。在大醉后，吕洞宾还在此楼阁上留下两首诗，其中一首诗写道：

> 独自行来独自坐，无限世人不识我。
>
> 只有城南老树精，分明知道神仙过。

后来，吕洞宾在岳阳楼醉酒和留诗的事很快传遍全城。为了纪念诗酒仙人，人们在岳阳楼旁修建了这座"三醉亭"。

三醉亭是一座仿宋建筑的方亭，为岳阳楼主楼辅亭之一。它占地面积为135.7平方米，高9米，为二层二檐，顶为歇山式，红柱碧瓦，

岳阳楼三醉亭

■ 岳阳楼北侧门

歇山式 即歇山式屋顶，宋朝称九脊殿、曹殿或厦两头造，清朝改今称，又名九脊顶。为我国古建筑屋顶样式之一，在规格上仅次于庑殿顶。歇山顶共有九条屋脊，即一条正脊、四条垂脊和四条戗脊，因此又称九脊顶。由于其正脊两端到屋檐处中间折断了一次，分为垂脊和戗脊，好像"歇"了一歇，故名歇山顶。

门窗雕花精细，藻井彩绘鲜艳，外形装饰华丽、庄重。

三醉亭也和岳阳楼一样属纯木结构，门上雕有回纹窗棂，并饰有各种带有传奇故事的刻花。一楼楼屏上是由岳阳楼管理处殷本崇绘制的吕洞宾卧像，作者把吕洞宾飘逸的神态，潇洒的风度表现得淋漓尽致。画上并有吕洞宾所作的一首七绝诗：

朝游北越暮苍梧，袖里青蛇胆气粗；
三醉岳阳人不识，朗吟飞过洞庭湖。

怀甫亭坐落在岳阳楼院内临湖的五坪台，经岳阳门沿拾级而下，至点将台往南100米的地方。

怀甫亭建于唐朝伟大的诗人杜甫诞辰之际。当时，杜甫被定为四大文化名人之一，为了怀念这位忧国忧民的"诗圣"，岳阳人民便在杜甫晚年活动过的地方建了这座小亭，命名为"怀甫亭"。

怀甫亭是一座玲珑典雅，坐南朝北的方形小亭。它占地40平方米，高7米，四根大柱，四周环以栏杆。小亭上部为纯木结构，翘首脊饰精美，藻井彩绘鲜艳。亭中竖有石碑一方，正面刻着杜甫的画像和《登岳阳楼》诗，背面刻着他的生平事迹。

怀甫亭北面檐下悬挂着一块写着"怀甫亭"3个大字的樟木匾额。在怀甫亭西亭柱上挂着一副对联：舟系洞庭，世上疮痍空有

七绝诗 七绝，是七言绝句的简称，属于近体诗范畴。绝句是近体诗的一类：由四句组成，有严格的格律要求。常见的绝句有五言绝句、七言绝句，还有很少见的六言绝句。每句七个字的绝句即是七言绝句。一般而言，第一二四句平声同韵；第三句仄声不同韵。整首诗的意境高，文辞雅，寓意深。

■岳阳楼建筑

泪；魂归洛水，人间改换已无诗。

此联表达了对杜甫一生的遭遇十分惋惜和无限怀念之情。

据史料记载，杜甫晚年曾由四川乘舟进入洞庭，流落寄居在岳州。当时，杜甫已穷困潦倒，家贫如洗，只有一叶孤舟伴随着他孤身漂流江湖。杜甫来到岳阳后，登上岳阳楼，百感交集写下了许多首感人的诗篇。

其中，杜甫的《登岳阳楼》一诗，寥寥40个字，既写出了洞庭湖和岳阳楼的雄伟壮观，也道出了自己的悲惨遭遇和对国事的忧虑。杜甫透过诗歌所表表露出来的忧国忧民之心，感人肺腑，撼人心魄。

在岳阳楼下的沙滩上，有三具枷锁形状的铁制物品，重达750千克，也吸引不少游人观看。其用途为何，一直说法不一。

岳阳楼是江南三大名楼中唯一保持原貌的古建筑，它的建筑艺术价值无与伦比。

阅读链接

岳阳楼在1880年最后一次修成后，新中国成立前，楼身已经破旧不堪。

新中国成立后，党和政府对岳阳楼极为珍视，人民政府多次拨款对岳阳楼进行了维修，还修建了怀甫亭、碑廊，重建了三醉亭和仙梅亭等古迹。

1983年，国务院拨专款对岳阳楼进行了为期一年半的以"整旧如旧"为宗旨的落架大修，把已腐朽的构件按原件复制更新。

1984年5月1日，岳阳楼大修竣工并对外开放。

为此，我们现在看到的岳阳楼便是新中国成立后修复以后的建筑。

楼阁上下的精美雕饰艺术

　　岳阳楼的雕饰艺术通过对雕饰材料的选择、雕饰造型的追求和对雕饰主题的挖掘，展示出建造岳阳楼的人文思想和艺术特色。

　　首先，岳阳楼的雕饰主要以木构件为主进行创作，体现了功能和

■古朴壮观的岳阳楼

■岳阳楼内部景物

三大名楼

文人雅士的汇聚之所

月梁 就是房梁的意思。在北方的木结构建筑中,多做平直的梁,而南方的做法则将梁稍加弯曲,形如月亮,故称为月梁。月梁,是月亮的一种形状,梁高呈弧形,梁底略向上凹。

审美的统一。

岳阳楼雕饰造像以木构件为基形。即雕饰以构件为基形进行构思创作,是建筑的构成对象,同时又具有独立的审美价值。

如岳阳楼的斗拱,其外檐斗口上均有插卯,卯头从下至上分别饰有靴头、龙头、凤头、云头,是结构与装饰结合的最好例子。

以木构架为结构体系的岳阳楼建筑,其主要构件几乎都是露明的。这些构件在制造的过程中大都进行了美的加工。

如向上拱起呈富有弹性曲线的月梁,下端呈尖瓣形的瓜柱,上下梁枋之间的龙头垫木。这些构件都是在不损坏原有构件基本形状的基础上进行造型,显得自然而不勉强。

岳阳楼格扇门裙板上以花卉翎毛为题材的26幅木

雕作品运用的是浮雕的基本技法。其线条是浮雕造型的主要元素。

绵密流利的线条和缜密的布局使得岳阳楼木雕散发出浓浓的浪漫主义气息。工匠没有被装饰面有限的空间所束缚，而是充分利用与装饰面相适应的造型元素，发挥了装饰面本身的空间特点。

岳阳楼木雕艺术还利用建筑构件隔出的空间进行造型。源于采光需要，这类木雕技法上以透雕为主。

透雕有两种镂空形式。一种为"穿雕"，即用锯子将雕版镂空后，再在表面施以浮雕的造型手段。另一种为多层次镂刻，多则六七层，是技术要求很高的一种雕刻技法。体块是透雕主要的造型手段。

不同形态的体块，厚的、薄的、大的、小的，处于不同的层次上，前后穿插，相互交织，其丰富的内容使人目不暇接，其技艺的高超使人为之惊叹。

透雕 一种雕塑形式。它是在浮雕的基础上，镂空其背景部分，大体有两种：一是在浮雕的基础上，一般镂空其背景部分，有的为单面雕，有的为双面雕。一般有边框的称"镂空花板"。二是介于圆雕和浮雕之间的一种雕塑形式，也称凹雕，镂空雕，或者浮雕。

■岳阳楼洞庭湖

■岳阳楼内范仲淹蜡像

　　我国人深受古代太极阴阳哲学观念的影响，形成了根深蒂固的人生宇宙观和时空观。反映在岳阳楼雕饰上，即是其造型的重要特征之一，即崇尚完美。

　　岳阳楼雕饰中的人物、动物、花鸟等形象的造型讲究完整，避讳残缺的形象出现。人物一般刻出全身、四肢等部位，免得出现不周全的形象；叶片、花朵绝不出现因前后相遮挡而残缺的形状；鸟雀不管是飞在空中，栖息枝头，还是嬉戏于花丛中，其形象都追求完整。

　　岳阳楼雕饰也讲究构图的完整，有不少阴阳相对的格局和两两成双的造型。两只凤鸟、两条龙、一对蝴蝶、一对白鹤、一对喜鹊或两只蝙蝠，常常是一上一下、一左一右巧妙地互相对置在一个方形中或追逐嬉戏，或翩翩起舞，舒展自如，相辅相成，给人许多美的联想。

　　对完整的追求还体现在偶数的使用上，花的朵数、鸟的只数等都是或二、或四、或六，绝不出现一、三、五这样的单数。

　　工匠出于质朴的思想感情和审美需求，在造型上追求完整的同时也求艺术之美。如表现女性时，极尽婀娜秀美之态；描绘武将时，大胆夸张，突出表现男子的阳刚美。

为了达到完美的造型，他们甚至可以把不同节气的花草，不同属性的题材内容，天上的、现实的、想象的东西，全都统一于一件作品中，构成和谐美好的画面，给人以无穷的回味和隽永的魅力。完整与美好的有机结合，达到了和谐与统一的美学境界。

另外，岳阳楼的雕饰形象地宣扬了儒家思想忠、孝、节、义，而且是以隐喻的表达方式表现出来的。

岳阳楼雕饰在空间分布上呈现出严整的秩序感，确立了尊卑、上下的顺序。这种严整的秩序一方面体现在不同的建筑物之间。如主楼和辅亭的尊卑区别。

一方面体现在同一建筑物内部。岳阳楼脊饰从上至下按尊卑秩序依次排列着，如象征神权的如意云纹、象征皇权的龙凤。再如木雕空间分布，楼西面木雕数量众多且刻工讲究，是重点装饰部分。

其次为南北面，东面就只有简单的几何纹饰了。雕饰在空间分布上呈现出来的整个秩序，形象地反映出儒家"礼乐"精神对建筑造型的限制。

岳阳楼雕饰空间分布上整体的秩序感以及内容上对儒家思想的宣扬，正是文化理念通过对雕饰形式和内容的渗透，而对居游其间的人起到造就人

■ 范仲淹雕像

■岳阳楼顶层的装饰

生、化育性灵的作用。

　　岳阳楼雕饰造型的主题还体现在造型时缘物寄情手法的运用。这种手法从作品的创作观念到形象构成以及符号，都寄托了民众的理想和祝福。

　　如吉祥动物图案："龙凤呈祥"、"喜鹊登梅"等；吉祥植物图案：春天的富贵之花牡丹、秋天的菊；各种传统纹样：平安如意、万字符等。雕饰造型的隐喻性反映了人文意识，体现了人文精神。

　　总之，岳阳独特的地理、人文环境及深厚的历史文化底蕴，使岳阳楼雕饰吸收了历代雕饰艺术的精华，成为一份宝贵的文化遗产。

阅读链接

　　岳阳楼在其漫长的历史长河中，有数不胜数的文人墨客慕名而来，在这里留下了许多佳诗、佳词和佳话。

　　新中国成立后，为了展现岳阳楼的历史风貌，展现其浓厚的文化氛围，我国当地政府在重建岳阳楼时，还特地在岳阳楼的周边修建了碑廊、牌楼、双公祠、小乔墓、吕仙祠、点将台、历代名人蜡像馆等。

　　这些景点的添加，让岳阳楼更加闻名，吸引了很多的人往来观光。

黄鹤楼

黄鹤楼位于我国湖北武昌蛇山，与湖南的岳阳楼、江西的滕王阁一道并称为我国江南三大名楼。并以其独特的地理位置和深厚的人文背景雄居于三大名楼之首，有"天下江山第一楼"的美誉。

黄鹤楼始建于223年，开始是三国时的吴国出于军事目的在此建军事瞭望台，50多年后，吴为晋所灭，失去了作为军事目的作用，成为人们登临游憩的场所。

历史上，黄鹤楼屡毁屡建，仅清代就遭到三次火灾，最后一次重建于清同治年间。

因神话传说而得名的楼阁

　　很久以前，在我国湖北武汉武昌的黄鹄山上，有一个姓辛的人，他以卖酒为生，并在黄鹄山上开了一家很小的酒店。

　　一天，有一个身材魁伟，但衣衫褴褛的老道来到酒店，向辛氏讨酒喝。辛氏的生意虽本小利微，但他为人忠厚善良、乐善好施，他见这位老道非常可怜，就慷慨地为他盛了一大碗酒。

■黄鹤楼及周边建筑

哪想到，这位老道喝了酒，并不付给辛氏酒钱。不过辛氏又是个心软之人，他并没有追问一定要道士付钱。

这天以后，这位老道每天都来辛氏的店里要酒喝，而辛氏则总是有求必应。

如此过了半年，辛氏并不因为这位客人付不出酒钱而显露厌倦的神色，依然每天请这位客人喝酒。

有一天，这位老道突然来向辛氏告别，他告诉辛氏说："我欠了你很多酒钱，没有办法还你。但我有一件礼物送给你！"说着，他从篮子里拿出橘子皮，画了一只鹤在墙上，因为橘皮是黄色的，所以，画的这只鹤也呈黄色。

画完后，老道对辛氏说："只要你拍手相招，黄鹤便会跳舞，为酒客助兴。"说完后，老道不见了。

老道走后，辛氏拍手一试，墙上的黄鹤果然一跃而下，跳起舞来。

酒店内有此神奇的鹤的消息传开后，辛氏酒店吸

道士 是道教的神职人员。他们因信仰道教而皈依之，履行入教的礼仪，自觉自愿地接受道教的教义和戒律，过那种被俗世视为清苦寂寞而他们却视为神圣超凡的宗教生活。同时，道士作为道教文化的传播者，布道传教，为其宗教信仰尽职尽力，从而在社会生活中，也扮演着引人瞩目的角色。

■ 黄鹤楼模型

引了很多人前来观看黄鹤起舞。从此，辛氏酒店的生意越来越好，辛氏也因此发了财。

10年后的一天，老道又出现在辛氏的酒店，他取下铁笛，对着墙上的黄鹤吹起一支奇妙的曲调，黄鹤闻声而下，载着老道飞走了，从此再也没有回来。

辛氏为了纪念老道和仙鹤，便将自己多年积攒的钱拿出来，在酒店旁盖起了一座高楼，起初，人们称之为"辛氏楼"，后来便称为"黄鹤楼"。

但是，神话毕竟是神话，其实，黄鹤楼的真正来历，是在三国时期，东吴出于军事上的需要，于223年修建的。在唐代《元和郡县图志》中有这样的记载：

《元和郡县图志》写于806年至820年，这是我国唐代一部地理总志，对古代政区地理沿革有比较系统的叙述。该志在魏晋以来的总地志中，不但是保留下来的最古的一部，也是编写得最好的一部。此书的作者为唐李吉甫。

孙权始筑夏口故城，城西临大江，江南角因矶为楼，名黄鹤楼。

由此可见，黄鹤楼最初是为了军事目的而兴建的。当时，这座著名的楼阁修建在形势险要的夏口城，也就是后来的武昌城西南面朝长江处。

不过，尽管如此，人们还是习惯相信仙鹤神话的故事。为此，后人们在重建的黄鹤楼的第一层建筑中，还专门以仙鹤的故事为前提，制作了一幅高9米，宽6米的大型彩色瓷壁画《白云黄鹤图》。

这幅壁画由756块彩陶板镶嵌而成。画面上黄鹤楼居中矗立，上有黄鹤飞舞，下有郁郁山林和滚滚波涛，悠悠白云，在水天之间，产生了一种"水从天上降，云从脚下升"的意境。

有一位仙人驾着黄鹤云端，他口吹玉笛，俯视人间，似有恋恋不舍之情。底下是黄鹤楼前聚集的百姓们，他们或把酒吟诗，或载歌载舞。整个画面表现出一派黄鹤归来的欢乐景象，洋溢着神奇而浪漫的气氛。此外，黄鹤楼的下面还盛开了许多梅花。

那么，黄鹤楼到底是因为仙鹤而命名，还是其他原因呢？

关于这个疑问，人们则认为，它因山得名的真实性最大。

湖北名楼

黄鹤楼

■黄鹤楼壁画《白云黄鹤图》

■黄鹤楼胜像宝塔

因为黄鹤楼所在的蛇山，是由东西排列而首尾相连的七座山组成。自西而东为黄鹄山、殷家山、黄龙山、高观山、大观山、棋盘山、西山，全长2000余米，因其形同伏蛇，故名蛇山。

黄鹤楼建在黄鹄山顶，在古汉语中，"鹄鹤"两字同音，故又名黄鹤山，黄鹤山上的楼阁，当然就叫黄鹤楼了。

三大名楼

文人雅士的汇聚之所

阅读链接

关于黄鹤楼的来历，还有另一个版本的神话故事：

相传，一位仙人化作人形在黄鹤楼中饮酒，不料仙人袋中银两不多，但店主并没有深究。仙人感谢店家的大度，就在墙上画了一只鹤。

并告诉店主，为了报答店主留下只黄鹤，店主只需拍手四下，黄鹤便可在空中起舞供大家娱乐，但是，必须切记，黄鹤只为大家而舞。说完，仙人离去。

店家按仙人的留下方法一试，果然黄鹤起舞，大家赞赏不已。有一大官闻讯，包下整个地方，命令店家让黄鹤起舞。无奈，店家拍手四下，黄鹤从墙上浮现出来，步履沉重。

接着，金光一现，店家看见当年那位仙人回来，仙人说道："黄鹤起舞，不能只为独乐。"

说完，乘云离去，黄鹤也跟随离去。

三国时期军事活动的重地

据说，黄鹤楼最初是作为军事瞭望和指挥之用的军事性质的楼阁而修建的。此楼阁建成时，正是三国赤壁之战以后，此楼第一作为军事活动时使用源自一则"黄鹤楼设宴"的故事：

当时，三国鼎立时的政治家刘备久借东吴君主孙权的领土荆州不还。周瑜便在黄鹤楼上摆酒设宴，特邀刘备赴宴，想乘机扣下刘备，逼他写下交还荆州的文书。

刘备知道有诈，不敢接受邀请，但拒绝赴宴又会被周瑜抓住把柄而挑起冲突，荆州仍旧保不住。

正在左右为难之时，刘备的军师诸葛亮当即回复来使：届时赴宴。临行前，诸葛亮派刘备的大将赵云一人护送并给竹节一枝，嘱其危难之时打开。

■ 雄伟壮观的黄鹤楼

刘备带着赵云去黄鹤楼赴宴时，在宴会中间，周瑜借故下楼，派兵将黄鹤楼围住，并通知刘备交还荆州；又吩咐守候在黄鹤楼下的手下说："若无本督令箭，不得放走刘备……"。

周瑜喜滋滋地想着：子龙性命在我手，刘备难下黄鹤楼。然后回到军帐中静候佳音。

这时，刘备焦急万分，赵云想起诸葛亮给自己的竹节，打开一看，竟是周瑜的令箭一支。两人忙持令箭混下楼来，逃回营寨。

原来，这支令箭是诸葛亮"草船借箭"时领下的，趁周瑜一时疏忽带走了，在这关键时刻发挥了作用。这则有趣的故事，从元代起，就登上了我们民间舞台，一直流传着。

■ 黄鹤楼壁画

后来，人们为了纪念三国时始建黄鹤楼事件以及"黄鹤楼设宴"的故事，便在重建的黄鹤楼二楼大厅内，绘制了两幅《周瑜设宴》和《孙权筑城》的大型壁画。

其中，《周瑜设宴》便是以壁画的方式讲述的前面那个有趣的故事，这个故事反映了黄鹤楼在建成最初的活动情形。

而《孙权筑城》壁画

则是再现了1 700多年前的三国时期孙权筑城和始建黄鹤楼的历史场面。

■黄鹤楼壁画

这幅画由上下四个层次构成。孙权大将吕蒙用计杀了关羽，刘备急于报杀弟之仇，亲自率军南下。当时孙权也知这一仗必打不可，所以第一层是"士兵出征"描写三国作战的情景；第二层是"孙权审定计划"；第三层是始建黄鹤楼的场面，表现出工匠们为筑城建楼进行艰苦的劳动；第四层是士兵执戈监督着工匠的劳动。

这整幅画反映了当时黄鹤楼是作为军事瞭望和指挥之用的军事性质。这些有趣的故事和后人们制作的壁画，进一步说明了黄鹤楼始建时期和它最初兴建的军事目的。

阅读链接

"黄鹤楼设宴"的故事，与建成这座阁楼的时间有冲突。因为，据有关资料来看，在黄鹤楼还没有修建时，吴国大将周瑜便已经逝世了，为此，后人们也觉得这个故事是古人捏造后流传下来的。

但尽管如此，从元朝起，这则故事便被搬上了我国的戏剧舞台，并一直成为我国人民喜欢的古装戏剧。

唐代诗人到楼阁题诗作赋

　　223年，黄鹤楼建成时，只是夏口城一角瞭望守戍的"军事楼"，晋灭东吴以后，三国归于一统，该楼在失去其军事价值的同时，随着江夏城地发展，这座楼阁逐步演变成为官商行旅"游必于是"、"宴必

黄鹤楼远景

■ 黄鹤楼诗刻

于是"的观赏楼。

从唐代起，历代名人如崔颢、李白、白居易、贾岛、夏竦、陆游等都曾先后到这里吟诗作赋。

唐代诗人崔颢登上黄鹤楼赏景时，便写下了一首千古流传的七律名作《黄鹤楼》：

昔人已乘黄鹤去，此地空余黄鹤楼。

黄鹤一去不复返，白云千载空悠悠。

晴川历历汉阳树，芳草萋萋鹦鹉洲。

日暮乡关何处是，烟波江上使人愁。

崔颢是唐代开元时期的进士，他一生郁郁不得志，曾经有入道的念头。他早年诗多写闺情，后赴边塞，诗风转为慷慨豪迈，他这首诗，由神话传说写到

开元时期 是唐玄宗李隆基统治时期。唐玄宗在位44年，前期，也就是开元年间政治清明，励精图治，任用贤能，经济迅速发展，提倡文教，使得天下大治，唐朝进入全盛时期，并成为当时世界上最强盛的国家，史称"开元盛世"，时间是713年至741年，前后共29年。

照壁 是我国传统建筑特有的部分，明朝时特别流行，一般讲，在大门内的屏蔽物。古人称之为："萧墙"。在旧时，人们认为自己宅中不断有鬼来访，修上一堵墙，以断鬼的来路。另一说法为照壁是我国受风水意识影响而产生的一种独具特色的建筑形式，称"影壁"或"屏风墙"。

现实感受，文词流畅，景色明丽，虽有乡愁却不颓唐，被后世公认为题咏黄鹤楼的第一名篇。

后来，人们为了纪念这位诗人，在后来建成的黄鹤楼景区内的奇石馆内，还刻成了一块以崔颢题诗的浮雕石照壁，非常精美。

当然，唐代著名诗人非常多，与黄鹤楼有关的还有不少，除了崔颢为黄鹤楼作诗，唐代著名诗人李白也为此楼作了一些佳作。

传说，那是崔颢为黄鹤楼作诗后不久，一天，李白带着书童登上黄鹤楼后开怀畅饮，诗兴大发。书童指着楼内迎门光的最大的一面粉墙对李白说："先生，我觉得，您的诗题在那上面最合适。"

李白兴冲冲地走过去，刚提笔，突然看到了此门上还留着崔颢写下的《黄鹤楼》。

■ 黄鹤楼附近的搁笔亭

■ 黄鹤楼匾额

　　李白读完崔颢的诗，顿时觉得这首诗写出了连他自己也无法表达的感情，自愧不如，在崔颢的题诗旁边，作了一首打油诗：

　　　　一拳打碎黄鹤楼，一脚踢翻鹦鹉洲，

　　　　眼前有景道不得，崔颢题诗在上头。

　　李白写完，搁下笔后怅然而去。

　　"崔颢题诗李白搁笔"的故事后来被人们传为佳话，黄鹤楼也因此名气大盛。

　　因为有了这则故事，虽然那座题写了这两首诗文的黄鹤楼在后来被毁，但人们又在黄鹤楼的旁边，修建了一座亭子，并为这座亭子取了一个有趣的名字，名为"搁笔亭"。

　　在这座亭子入口正门上，挂着一块写有"搁笔

打油诗 是一种富于趣味性的俚俗诗体，相传由我国唐代作者张打油而得名。打油诗最早起源于唐代的民间，以后瓜瓞绵绵，不断地发展，表现出了活跃的生命力。这类诗一般通俗易懂，诙谐幽默，有时暗含讥讽，风趣逗人。另外，有时作者作诗自嘲，或出于自谦，也称自己的诗为"打油诗"。

■ 黄鹤楼模型

三大名楼

文人雅士的汇聚之所

广陵 是魏晋南北
朝时期长江北岸
重要都市和军事
重镇。春秋末，
吴于此凿邗沟，
以通江淮，争霸
中原。秦置县，
西汉设广陵国，
东汉改为广陵
郡，以广陵县为
治所，故址在今
淮安。广陵郡辖
境相当今江苏、
安徽交界的洪泽
湖和六合以东，
泗阳、宝应、灌
南以南，串场河
以西，长江以北
地区。

亭"的匾额。在入口处的亭柱上，还写有一副对联：

楼未起时原有鹤；

笔从搁后更无诗。

再说李白为黄鹤楼题诗后的第二年春天，李白在黄鹤楼送好友孟浩然去广陵时，又作了一首《送孟浩然之广陵》的诗：

故人西辞黄鹤楼，烟花三月下扬州；

孤帆远影碧空尽，唯见长江天际流。

由于这首诗句中饱含了李白对好友的真挚情感，又写出长江浩浩荡荡的气势，所以后来，人们认为，崔颢和李白在为黄鹤楼作诗的过程中，两人"打"了个平手，于是，这两首诗都成为了我国唐诗中的著名诗篇。不仅如此，后来，李白还为这一著名建筑写下了的《与史郎中钦听黄鹤楼上吹笛》：

> 一为迁客去长沙，西望长安不见家。
>
> 黄鹤楼中吹玉笛，江城五月落梅花。

这首诗不仅让黄鹤楼更加出名，更是为武汉"江城"的美誉奠定了基础。

在唐代，除了崔颢和李白为黄鹤楼写过诗，还有杜牧、白居易、王维和刘禹锡等人，也为这座著名的建筑写过诗。其中，杜牧写道：

笛　一种吹管乐器。我国笛子历史悠久，可以追溯到新石器时代。那时先辈们点燃篝火，架起猎物，围绕捕获的猎物边进食边欢腾歌舞，并且利用飞禽胫骨钻孔吹之，当时，该物品最重要的用途是用其吹出来的声音诱捕猎物和传递信号，这就是出土于我国的最古老的乐器——骨笛。

■ 天下江山第一楼

黄鹤楼前春水阔，一杯还忆故人无。

王维写道：

> 城下沧江水，江边黄鹤楼；
> 朱阑将粉堞，江水映悠悠。

这些诗文分别被刻写在当时黄鹤楼的门柱、大厅和墙壁上。不过，后来这些古老的墨宝都在黄鹤楼被毁时一起被毁，但这些诗歌却被人们记录在古籍中，一直流传。

同时，后人们为了纪念这些古人为黄鹤楼留下的诗文，在以后建成的黄鹤楼内，还制作了一组陶版瓷画，名为《人文荟萃》。

这是三幅连成的长卷绣像画，再现了历代文人墨客来黄鹤楼吟诗作赋的情景，上面分别画着唐宋时期13位著名诗人的形象和他们为黄鹤楼所作的诗句。

其中，第二幅和第三幅画，画的便是唐朝的贾岛、顾况、宋之问、崔颢、李白、孟浩然和王维，以及刘禹锡、白居易和杜牧等十位诗人。

这里的刘禹锡是唐朝中期的诗人，也是著名的思想家，他常用比兴的手法寄托自己的政治抱

■ 黄鹤楼壁画中的人物

负，著名的《陋室铭》便是他所作，他为黄鹤楼作诗时，正是他怀才不遇之时。

当年，在白居易为黄鹤楼写诗的时候，正好是此楼被烧毁的时候，同时也是白居易被贬到此时。在这两种心情下，这位著名的诗人写下了一首颇为萧条的诗：

■黄鹤楼石狮雕塑

江边黄鹤古时楼，
劳置华筵待我游；
楚思渺茫去水冷，
商声清脆管弦秋。

那么，这些诗人笔下的唐代时的黄鹤楼到底是什么样子的呢？唐代大文豪阎伯理在《黄鹤楼记》中清楚地记载了唐代黄鹤楼的地理位置、命名的由来，以及黄鹤楼巍峨高大的景物描写，和他登楼的所感，原文为：

州城西南隅，有黄鹤楼者，图经云："费祎登仙，尝驾黄鹤返憩于此，遂以名楼。"事列《神仙》之传，迹存《述异》之志，观其耸构巍峨，高标巃嵸，上倚河汉，下临江流；重檐翼馆，四闼霞敞；坐窥井邑，俯拍云烟：亦荆吴形胜之最也。何必濑乡九柱、东阳八咏，乃可赏观时物、会集灵仙者哉。

刺使兼侍御史、淮西租庸使、荆岳沔等州都团练使，

■ 历代黄鹤楼模型

北京四合院 四合院建筑,是我国古老、传统的文化象征。"四"代表东西南北四面,"合"是合在一起,形成一个口字形,这就是四合院的基本特征。四合院建筑之雅致,结构之巧,数量之众多,当推北京为最。北京的四合院,大大小小,星罗棋布,形成了一个符合人性心理、保持传统文化、邻里邻外关系融洽的居住环境。

河南穆公名宁,下车而乱绳皆理,发号而庶政其凝。或逶迤退公,或登车送远,游必于是,宴必于是。极长川之浩浩,见众山之累累。王室载怀,思仲宣之能赋;仙踪可揖,嘉叔伟之芳尘。乃喟然曰:"黄鹤来时,歌城郭之并是;浮云一去,惜人世之俱非。"有命抽毫,纪兹贞石。

时皇唐永泰元年,岁次大荒落,月孟夏,日庚寅也。

阎伯理的这首《黄鹤楼记》后来被人们刻写在重建黄鹤楼第二层大厅内正中央的墙壁上,这是唐代诗人中对黄鹤楼描写得最全面的一篇,它偏重于写实景,非常珍贵。

根据这首诗文的描写，以及古人留下的书籍，后来，人们又在重建的黄鹤楼中，制作了一个唐代黄鹤楼的模型。

　　这是一座楼与城相连，纵横轴对称将建筑物置身于城墙之内，颇有北京四合院味道的建筑群。此楼阁的颜色是以绿色为主，红黄色为次，这种色调搭配以及唐楼中轴线对称的结构布局，给人以端庄、大方的感觉。

　　同时，唐代可以说是黄鹤楼从军事楼向观赏楼转换的一个重要时期。可以说，唐代的黄鹤楼应该也是一座非常巍峨壮观的建筑。

阅读链接

阎伯理的《黄鹤楼记》一文的意思是：

鄂州城的西南角上，有一座黄鹤楼。《图经》上说："三国时代蜀汉大将费祎成了仙人，曾经骑着黄鹤返回到这里休息，于是就用'黄鹤'命名这座楼。"有关这件事记载在《神仙传》和《述异志》上。

观看这矗立着的楼宇，高高耸立，十分雄伟。它顶端靠着银河，底部临近大江：两层屋檐，飞檐像鸟翼高翘在房舍之上。四面的大门高大宽敞，坐在楼上，可以远眺城乡景色，低下头可以拍击云气和烟雾。这里也是楚地吴地山川胜迹中的最美的地方。

刺史兼侍御史、淮西租庸使、荆岳沔等州都团练使、是河南的穆宁，他一上任就把政事治理得非常好，一发出号召老百姓就非常热情地拥护。有时在公务之余他来此小憩，有时他登车来此把客人送到很远的地方，他游览一定来这里，设宴也一定在这里。

我奉命执笔，在这坚硬的石头上写下了这段文字。皇唐永泰元年，这一年是大荒落年，孟夏之月庚寅日写。

宋代诗人留下著名诗词

■ 黄鹤楼近景

959年，赵匡胤建立了宋朝，宋朝的百姓过上了一段安定的生活，有利于发展生产。

于是，在这一时期，湖北武昌的百姓又在被战乱所毁的黄鹤楼原址上，重新修建一座比唐代黄鹤楼更胜一筹的楼阁。

这样一来，黄鹤楼便引来众多文人游览，并作诗。在宋代，最早为这座楼阁作诗的是北宋官员张咏，他在《寄晁同年诗》中便提到了

■《黄鹤楼记》碑刻

黄鹤楼的美景：

> 桃花江上雪霏霏，
> 黄鹤楼中风力微。

后来，张咏还专门在登黄鹤楼的时候，作了一首
《登黄鹤楼》的诗：

> 重重轩槛与云平，一度登临万想生。
> 黄鹤信稀烟树老，碧云魂乱晚风清。
> 何年紫陌红尘息，终日空江白浪声。
> 莫道安邦是高致，此身终约到蓬瀛。

遗憾的是，到南宋时，黄鹤楼又遭遇了火灾，使
其变得有些破旧，但这并不妨碍诗人们前来游览，为

赵匡胤（927
年—976年），北
宋王朝建立者。
960年，他以"镇
定二州"的名
义，领兵出征，
发动陈桥兵变，
代周称帝，建立
宋朝，定都开
封。在位16年。
在位期间，加强
中央集权，提倡
文人政治，开创
了我国的文治盛
世，是一位英明
仁慈的皇帝，是
推动历史发展的
杰出人物。

范成大（1126年—1193年），字致能，号石湖居士，江苏苏州人。南宋诗人。他从江西派入手，后学习中、晚唐诗，继承了白居易、王建、张籍等诗人新乐府的现实主义精神，终于自成一家。风格平易浅显、清新妩媚。诗题材广泛，以反映农村社会生活内容的作品成就最高。他与杨万里、陆游、尤袤合称南宋"中兴四大诗人"。

它吟诗作赋。

相传，黄鹤楼被烧毁后，南宋诗人"南宋四大家"之一的范成大来到了这座古建筑前，观赏了这座著名的楼阁，并留下诗句：

谁家玉笛弄中秋，

黄鹤飞来识理游。

汉树有情横北斗，

蜀江无语抱南楼。

范成大的这首诗主要讲述的是黄鹤楼南面的景色，为此诗的名为《鄂州南楼》。

那么，宋代的黄鹤楼建筑到底是怎么样的呢？这座宋代阁楼主要是由楼、台、轩、廊组合而成，是一个庭院式的建筑群体。它雄踞于城墙高台之上，与唐

■武汉黄鹤楼公园

代的楼阁相比，已经完全从城墙的一角分离出来了，形成了一个独立的建筑景观，人们登上主楼，可以眺望长江波涛。

同时，宋代的黄鹤楼还一改唐代楼阁的样式，使它更加具有清新雅致的风格，屋顶的瓦面由绿色改为黄色。宋代人这样做的目的，一方面说明了当时琉璃瓦的烧制技术的革新与提高，另一方面黄色也是"皇权"至上的象征。

据我国史料中记载，北宋末代皇帝宋钦宗曾御写崔颢的《黄鹤楼》以示风雅。这足以说明当时的封建帝王对黄鹤楼一改唐代风格的重视程度。

除此之外，这座精致的楼阁还多亏了当时那些能工巧匠的精心雕琢，才能使得整个楼群重檐飞翼，错落跌宕而又浑然一体，显得是繁而不乱，布局严谨。

宋代的黄鹤楼是历代黄鹤楼中规模最大最雄伟的一座。宋代著名的爱国诗人陆游，在他的《入蜀记》中，曾赞叹此地为天下绝景。同时，他还专门作了一首《黄鹤楼》的诗：

> 手把仙人绿玉枝，吾行忽及早秋期。
>
> 苍龙阙角归何晚，黄鹤楼中醉不知。
>
> 江汉交流波渺渺，晋唐遗迹草离离。
>
> 平生最喜听长笛，裂石穿云何处吹？

■ 黄鹤楼青铜宝顶

三大名楼

文人雅士的汇聚之所

儒者 指尊崇儒学、通习儒家经书的人。汉代以后泛指一般读书人。儒者风范是我国古代许多文人学者非常推崇一种人格倾向。所谓儒，实际就是温文儒雅，谦恭礼让。古代的儒者就是传授六艺的人。六艺指的是礼、乐、射、御、书、数。

不过，宋代黄鹤楼兴废的情况，历史上并没有明确的记载，人们只能从古人留下诗文中推测，它兴建于北宋，毁于南宋。

另外，当时的画家，还曾作过一幅界画《黄鹤楼》，真实地再现了宋代黄鹤楼的模样。

从界画上看，宋代黄鹤楼是由主楼、台、轩、廊组合而成的建筑群，建在城墙高台之上，四周调栏回护，主楼两层，顶层十字形歇山顶，格外雄壮。周围小亭画廊，主次分明，整个群体，层次不乱。

在宋代，除了有张咏、范成大和陆游为黄鹤楼作诗，另外还有游仪的佳作，如在《黄鹤楼》中写道：

长江巨浪拍天浮，城郭相望万景收。
汉水北吞云梦入，蜀江西带洞庭流。
角声交送千家月，帆影中分两岸秋。
黄鹤楼高人不见，却随鹦鹉过汀洲。

正是因为诗人对黄鹤楼的吟诗和歌颂，才使黄鹤楼的名气越来越大，为此，后人为了纪念诗人和他们的佳作，在后来重建的黄鹤楼内制成了以唐代和宋代诗人为主，名为《人文荟萃》的精美陶版瓷画。

这些陶版瓷画中的第一幅画，便是画的三位宋代诗人。第一位身穿白衣，背着身子手拿玉笛的儒者便是著名诗人范成大。

那么，为什么只画了范成大的背面呢？因为据说，他来黄鹤楼观赏这座阁楼的事情，在史书上并没有明确的记载，历史上也不清楚他到底是怎么样的一个人，所以，人们便只画了他的一个背影。

画中的范成大右手拿着玉笛，左手微微向上抬起，好像正在欣赏自己刚刚写出的佳句。在范成大的旁边，是一位目光炯炯的老者，他便是我国南宋末年伟大的爱国诗人陆游。

历史上，陆游的一生历经坎坷，至死不忘报效国家，终因壮志未酬含恨而去，为此，他的诗风雄浑豪放，感情真挚。

这幅画上的最后一位人物是身穿战袍的岳飞，他是南宋著名的抗金将领。画中的他，手持金枪，牵着一只黑豹。在他旁边，则是他为黄鹤楼所作的词《满江红——登黄鹤楼有感》：

> 遥望中原，荒烟外、许多城郭。想当年、花遮柳护，凤楼龙阁。万岁山前珠翠绕，蓬壶殿里笙歌作。到而今、铁骑满郊畿，风尘恶。
>
> 兵安在，膏锋锷。民安在，填沟壑。叹江山如故，千村寥落。何日请缨提锐旅，一鞭直渡清河洛。却归来、再续汉阳游，骑黄鹤。

岳飞这首词的最后一句"何日请缨提锐旅，一鞭直渡清河洛。却归来，再续汉阳游，骑黄鹤"的意思是自己何时才能收复失地，然后回来骑黄鹤、游汉阳呢？可惜，他的愿望未能实现，便被害致死。

阅读链接

岳飞的《满江红——登黄鹤楼有感》写出了他对当时南宋政府的无奈和感慨，这首词的意思是：

登楼远望中原，只见在一片荒烟笼罩下，仿佛有许多城郭。想当年啊，花多得遮住视线，柳多得掩护着城墙，楼阁都是雕龙砌凤。万岁山前、蓬壶殿里，宫女成群，歌舞不断，一派富庶升平气象。而现在，胡虏铁骑却践踏包围着京师郊外，战乱频仍，风尘漫漫，形势如此险恶。

士兵在哪里？他们血染沙场，鲜血滋润了兵刃。百姓在哪里？他们在战乱中丧生，尸首填满了溪谷。悲叹大好河山依如往昔，却田园荒芜，万户萧疏。何时能有杀敌报国的机会，率领精锐部队出兵北伐，挥鞭渡过长江，扫清横行"郊畿"的胡虏，收复中原。然后归来，重游黄鹤楼，以续今日之游兴。

元明时期的楼阁和宝塔

历史上，由于兵火频繁，黄鹤楼屡建屡废，到元代时，由于当时的帝王崇信宗教，为此，这一时期的黄鹤楼也非常特别。

虽然元时建立的黄鹤楼并没有完整地保存下来，但我们仍能从当

■武汉黄鹤楼牌坊

时诗人对这座楼阁的诗文描写中找到它辉煌的形象。如自号瀛洲洲客、怪怪道人的元代诗人冯子振在《题黄鹤楼》中写道：

鹤楼千尺倚晴阑，大别山头舞峻鸾。
昨日英雄无问处，依然江汉涌波澜。

■ 黄鹤楼碑刻

冯子振（1253—1348），元代散曲名家、诗人、书法家，字海粟，自号瀛洲洲客、怪怪道人。自幼勤奋好学，肄业于连滨书院。1298年，登进士及第，时年47岁，人谓"大器晚成"。他生性嗜酒，每于酒酣耳熟之际，诗兴大发，伏案即作，不论桌上有纸张多少，他都要一气写完而止。

除了这些著名的诗句，在后来山西永乐宫内的壁画上，我们还能够看出当时黄鹤楼的模样。

这座建筑群主楼是南方楼阁的形制，它综合了宋楼的十字脊歇山顶，并将宋楼的单层檐改为双层重檐，以绿瓦裹金边的形式展现在人们面前。

在古代建筑中，有"重檐为尊"的说法，而将黄鹤楼的主楼改为双层重檐，说明它在元时的建筑中占有极高的地位。

此外，这座建筑在造型上还有它与众不同的地方，就是在主楼的面前，还建有一座具有北方特色的观景台，中间以一座旱桥连接，从整体的设计上看，既保持了汉民族的文化传统，又糅合了北方文化的元素，还充分表达了当时统治者的良好愿望：希望南北文化、人民之间能够融合发展和平共处。

从保留下来的壁画中可以看出：元代的黄鹤楼具有宋代黄鹤楼的遗风，斗拱疏朗，飞檐大方，有两层，两边的亭轩呈对称形，主楼前是瞭望高台。

但在布局与内容构成方面都有不小的发展，植物配置的出现，更是一大进步，使原来单纯的建筑空间发展成为浓荫掩映的庭院空间，达到远近皆景、游憩皆宜的效果。

此外，因为元代帝王崇信宗教，为此，在1343年，元威顺王宽彻普化太子，还命人在黄鹤楼的旁边修建了一座用于供奉舍利和安葬佛法物的佛塔。

此塔又名胜像宝塔，塔高9.36米，座宽5.68米，采用外石内砖方式砌筑，以石为主，内部塔室使用了少量的砖。塔内向上逐渐收缩，尺度渐小，其轮廓线条大体呈三角形，看上去不大，但庄重持稳，具有浓厚的典雅美。

塔的外观分作座、瓶、相轮、伞盖、宝顶五部分。据旧记载，明清两代，此塔于黄鹤楼均立于蛇山

■ 黄鹤楼附近的凉亭

文人雅士的汇聚之所

■ 黄鹤楼胜像宝塔

石幢 是我国古代祠庙中刻有经文、图像或题名的大石柱。有座有盖，状如塔。幢即刻着佛号或经咒的幡布或石柱，如：经幢、石幢。它用石头建造，上刻陀罗尼经文的柱形构筑物。幢身一般为八棱形。按佛教之说，在幢上书写经文，可以使靠近幢身或接触幢上尘土的人减轻罪孽，得到超脱。

旧城墙上，塔楼并存，相映成趣。

在封闭的塔心发现一个雕刻精致的石幢，高一米余，下为圆座，幢身为八角形，顶部刻有各种莲花装饰。塔室内还发现一个密封的铜宝瓶，摇动时瓶内沙沙作响，瓶底为凹形，平面刻双勾字两行，内容为："洪武二十七年岁在甲戌九月卯谨志"，瓶腹刻有"如来宝塔，奉安舍利。国宁民安，永乘佛庇"。

由此可见，瓶内装的是"佛"的骨灰。此塔的密封室于洪武二十七年九月十八日，也就是1394年10月13日前曾经被打开或进行过修复。后来，此宝塔成为黄鹤楼古址保存最古老、最完整的建筑。

元以后，明代修建的黄鹤楼更是多灾多难，据史书记载，明时的黄鹤楼毁建七次，最早建于明洪武年间，最后建成崇祯时期，其楼阁的特点以清秀为主。

根据后人在重建后的黄鹤楼内，修成的明代黄鹤楼模型，我们可以知道，明代的黄鹤楼是一座皇家园林与江南园林相结合的建筑群。

黄鹤楼的主楼建在高台上，楼高三层，顶上加有两个小歇山，楼前有小方厅，再前便是入口，入口两侧有粉墙环绕，门前道路一边临江，一边傍坡。

从明代的黄鹤楼建筑中，可以真切感受到集南北文化精髓的建筑风格。这座建筑群虽不及唐、宋楼的舒展开朗，但建筑群的布置更为成熟。

长廊、亭、台、轩、牌坊等附属景点的增加，与高大雄伟的主体建筑结合，既不失北方园林的雄浑壮观，又显现出江南园林的秀美。

在我国历史上，明黄鹤楼的资料相对较多，其中描写当时楼阁的诗歌多达250首左右，还有楼记、流记和歌赋等多类文字记载。其中，以姚广孝、夏原吉和王偁等人的诗歌尤为出名。

阅读链接

黄鹤楼旁边的胜像宝塔是西藏佛教密宗的佛塔，也是佛教从印度传入我国最初的塔形，它是黄鹤楼古址保存最古老、最完整的建筑。

关于这座宝塔的来历，还有一个故事：

传说，在三国时期，黄鹤楼下有一盏巨灯，就像悬在半空中的一轮明月，把江面照得通明透亮。关羽根据这盏灯，指挥兵船拐进长江，逆流而上，按期与诸葛亮会合，并与吴军联盟火烧赤壁，大败曹操。

自火烧赤壁以后，黄鹤楼下的这盏灯一直不熄，天天为来往船只导航。道士发现，他们每拨一次灯芯，灯里就冒出油来，舀来炒菜吃。一次，一个道士想多舀些油卖了发财，就使劲拨灯芯，哪知用力过猛，把灯芯扯掉了，这时灯里不再冒油，连整个灯都变成了葫芦形状的石塔。后来，人们就把这座石塔叫作"孔明灯"，也就是胜像宝塔。

清重建及后来的建筑布局

　　1636年，清军入关，建立了清王朝。为了缓和人民群众的矛盾，清朝廷有选择地保留了汉族的传统文化，由于黄鹤楼是闻名遐迩的传统名胜，所以这座楼阁在顺治初年便得到重建。

■黄鹤楼内碑刻

从1656年到1884年，黄鹤楼屡建屡废，经过了多次的整修，有了"国运昌则楼运盛"的说法。

其中，最后一座黄鹤楼建于1868年，因黄鹤楼毁于1884年的大火。

那次大火，使得黄鹤楼内的文物荡然无存，在后来的遗址上唯一遗留下来一个黄鹤楼铜铸楼顶。

不过，从清代留下的古籍中可以看出，清代黄鹤楼的一次次重建和修葺，使它建筑规模一次比一次宏大，并使我国的道教文化与建筑，更加紧密地联系起来，使它从根本上达到了我国古典园林的极致。

在后来重修的黄鹤楼内，我们可以清楚地看到同治年间黄鹤楼的原形。这座建筑的特点是以三层八面为特征，主要建筑数据应合"八卦五行"之数，以求避凶趋吉。

如平面四方代表"四象"，即东、西、南、北；外出八角寓意"八卦"，明为三层法"天、地、人"三才；暗设六层合卦辞"六"之数；每楼翼角十二含"十二个月"、"十二个时辰"等概念；檐柱28根表示"二十八星宿"象；中柱四根代表"东、西、南、北"思维；层檐360个斗拱合周天360度；全楼共有72

■ 黄鹤楼景观

道教文化 道教是我国土生土长的宗教，在汉朝末年创立的。道教集我国古代文化思想之大成，以道学、仙学、神学和教学为主干，并融入医学、巫术、数理、文学、天文、地理、阴阳五行等学问。内容讲求长生不老，画符驱鬼。道教创立后尊老子为教主。

■ 黄鹤楼匾额及题刻

三元 "元"为始、开端的意思，农历正月初一这一天为年、季、月之始，故称"三元"。"三元"又是解元、会元、状元的合称。三元，在道教教义中原指宇宙生成的本原和道教经典产生的源流，隋唐以后又衍化为道教神仙和道教主要节日的名称，延续至今。

条屋脊表示一年有72候。

　　楼内天花，一层绘八卦，二层绘太极，合日月经天，明阴阳之象；楼顶攒尖共五个蕴"五行"之意。楼顶紫铜葫芦三层，表示受到"三元"之托等。

　　可以说，这座楼阁是道教文化与我国建筑最完美的结合。为此，有人说："岳阳胜景，黄鹤胜制"。应该说，黄鹤楼奇特的建筑风格，在我国古典园林建筑史上是独一无二的，堪称古典建筑中的一束奇葩。它是我国古代劳动人民辛勤劳动与聪明才智的象征。

　　由于清代时的黄鹤楼非常壮观令人向往，为此，也有许多诗人和学者为这座阁楼留下了著名的诗篇。如清代诗人沈德潜在《黄鹤楼》中写道：

　　　　鹤去楼空事渺茫，楚云漠漠树苍苍。
　　　　月堤酒酌三杯晓，江水清流万古长。
　　　　不遇谪仙吹玉笛，曾闻狂客坐胡床。

登临此地怀京国，也似金台望故乡！

清代官员桑调元的《黄鹤楼》写道：

> 黄鹤飘飘不可留，凌虚长啸此登楼。
> 祢衡文字真为累，陶侃功名亦是浮。
> 帆影带回湖口月，笛声催散汉阳秋。
> 扶筇独往平生愿，是处江山作胜游。

清代中叶著名诗人宋湘在《黄鹤楼题壁》中写道：

> 笛声吹裂大江流，
> 天上星辰历历秋。
> 黄鹤白云今夜别，

■黄鹤楼大钟

美人芳草古时愁。

我行何止半天下，

此去休论八督州。

多少烟云都过眼，

酒杯还置五湖头。

　　自从清同治年间建成的黄鹤楼在光绪年间被毁以后，这座建筑在百年时间里都未曾重修，直至后来，黄鹤楼旧址被兴建武汉长江大桥武昌引桥时占用，于是，后来重建的黄鹤楼便建在了距旧址约1000米的蛇山峰岭之上。

　　这座新建的黄鹤楼是以清代黄鹤楼为蓝本，采取"外五内九"的形式，一改古楼为木质结构的建筑材料，用钢筋混凝土等现代材料建筑而成。

　　黄鹤楼为五层，高51.4米，楼为钢筋混凝土仿木结构，72根大柱拔地而起，60个翘角层层凌空，像黄鹤飞翔，每个翘角上的风铃在四面

黄鹤楼内部结构

来风的吹拂下发出浑圆深沉的音响。

五层飞檐斗拱，古朴典雅，色彩统一的琉璃瓦，彰显富丽堂皇，这是以清代同治楼为摹本重新设计的，既不失黄鹤楼传统的独特造型，又比历代的旧楼更加雄伟壮美。

黄鹤楼坐东朝西，楼顶为攒尖顶。四面各起一座歇山骑楼，呈五顶并立状。骑楼下的博风板之间各有一块黑底金字的楼匾。正面为"黄鹤楼"三个字，下面入口处门匾为"气吞云梦"，由唐孟浩然诗句"气吞云梦泽，波撼岳阳城"演变而来，极言黄鹤楼气势之盛。楹联传为吕岩旧题：

由是路，入是门，奇树穿云，诗外蓬瀛来眼底；

登斯楼，览斯景，怒江劈峡，画中天地壮人间。

意思是，由这条路走进这个门里，不但可以看到高耸的奇树，穿插云霄，而且蓬莱瀛洲这两座仙山美景，也都尽入眼底。

登上黄鹤楼，眺望楼外景色，长江的怒涛仿佛

攒尖顶 即攒尖式屋顶，宋朝时称"撮尖"、"斗尖"，清朝时称"攒尖"，是我国古代建筑的一种屋顶样式。特点是屋顶为锥形，没有正脊，顶部集中于一点，即宝顶，该顶常用于亭、榭、阁和塔等建筑。有单檐、重檐之分，按形状可分为角式攒尖和圆形攒尖，有四角、六角、八角等式样。

劈开山峡，一泻千里，直奔东海，真是天地人间之壮观。

北面和南面两匾仍同清同治楼一样，北面是"北斗平临"，北斗，既北斗七星，因起星座在北方，形状如斗，故名。意为站在黄鹤楼一，遥望北斗，感觉北斗星与自己一样高，一样平。形容该楼之高。下面入门门匾为"云横九派"。

这里的"九派"指长江许多支流汇集入海。古有"江分九派"的说法。

"云横九派"取自"云横九派黄鹤"，描写长江支流汇集汉江。云水苍茫，烟波浩瀚的气势。

阁楼南面是"南维高拱"，南维：指南方星宿；高拱：意为黄鹤楼面对南方群星璀灿，居高临下，犹如磐石一样安稳。

下面入门匾额为"势连衡月"，黄鹤楼气势雄伟，仿佛与千里之

黄鹤楼及黄鹤雕塑

外的南岳连成一气，构成一幅"拔地向天，耸翠如屏"的气势。

东面原为"远举云中"，后改为"楚天极目"四字，这四个字源于"万里长江横渡，极目楚天舒"。意为登上黄鹤楼，祖国的大好河山尽在眼前。

底下门匾为"廉卷乾坤"，古代指天地、阴阳的两个对立面，今泛指宇宙。这里用的是比拟，意为黄鹤楼以外开阔的大自然，尽收眼底。寓意深远，令人神驰。

楹联为：

<blockquote>
龟伏蛇盘，对唱大江东去也；
天高地阔，且看黄鹤再来兮。
</blockquote>

意思为龟山伏在地上，蛇山盘成一个长形，它们隔水相望，好像高兴地唱着大江东去的歌；晴天高朗，大地开阔，看见黄鹤楼归来，好像老友重逢，心里感到无比地喜悦。

黄鹤楼主楼为攒尖楼顶，金色琉璃瓦屋面。全楼各层布置有大型壁画、楹联、文物等，楼外铸铜黄鹤造型、胜像宝塔、牌坊、轩廊、亭阁等一批辅助建筑，将主楼烘托得更加壮丽。

黄鹤楼壁画

黄鹤楼四楼大厅内景

　　黄鹤楼外观为五层建筑，里面实际上是九层。我国古代称单数为阳数，双数为阴数。"九"为阳数之首，与汉字"长久"的"久"同音，有天长地久的意思，所谓"九五至尊"，黄鹤楼这些数字特征，也表现出其影响之不同凡响。

　　黄鹤楼主楼的五层结构依次为：

　　一层为大厅，有著名的《白云黄鹤图》，图上有仙人乘黄鹤离去的飘然景象。

　　二楼主要介绍黄鹤楼的历史，有题写于壁上的《黄鹤楼记》。

　　三楼大厅内是一组陶板瓷画，题名为《文人荟萃》，再现了历代文人墨客来黄鹤楼吟诗作赋的情景，最有名的是崔颢的《黄鹤楼》。

　　四楼是文化活动场所，陈列后来书画家游览黄鹤楼的即兴之作。

　　五楼大厅内是一组题为《江天浩瀚》的组画，面积达99平方米，由十幅壁画重彩画组成。

　　登顶五楼，武汉三镇尽收眼底，长江的浩瀚美丽，长江大桥将武昌和汉阳相连，屹立在对岸龟山上的龟山电视塔，整个城市的高大建筑和风景都展现在眼前。与之交相辉映的白云阁，坐落在蛇山之巅，共四层，高29.7米。前楼后阁构成"白云黄鹤"，成为武汉的标志物。

此外，除了这座黄鹤楼主楼，在后来建成的黄鹤楼景区内，还有"鹅"碑亭、诗词碑廊、黄鹤归来铜雕、九九归鹤图浮雕和千禧吉祥钟等建筑。

"鹅"碑亭在黄鹤楼以东245米处，有清代流传下来在武昌蛇山黄鹄矶的一笔草成的"鹅"字刻石一方。传说，书圣王羲之在黄鹤楼下养过鹅群，有次情不自禁写下此字。后来，人们将依拓本重新制作的鹅字碑立于形如弯月的鹅池东端，在碑的北侧建一石拱桥，并以碑作亭壁，建六角亭，亭以碑名。

九九归鹤图浮雕在黄鹤楼东南240米处，位于景区白龙池边，是我国国内最大的室外花岗岩浮雕。

铜雕 产生于商周，是以铜料为胚，运用雕刻、铸塑等手法制作的一种雕塑。铜雕艺术主要表现了造型、质感、纹饰的美，多用于表现神秘有威慑力的宗教题材。铜雕的制作一般都要经过金属冶炼、锻造、雕刻、镀金、磨光、上红等几个重要的工序。工序比较复杂，工艺也十分考究。

■ 黄鹤楼九九归鹤图浮雕

■ 黄鹤龟（归）来雕塑

整个雕塑呈红色，99只仙鹤呈现种种不同的舞姿。浮雕依蛇山山势呈不等距"Z"形，全长38.4米，高4.8米，云蒸霞蔚，日月同辉，江流不息，生机益然。

词诗碑廊位于黄鹤楼东南210米，环绕景区鹅池四周，碑刻内容为国内书画名家书写的历代名人吟咏黄鹤楼的诗词名句。碑墙上共嵌有石碑124通，根据真迹描摹镌刻。

黄鹤归来铜雕位于黄鹤楼以西50米的正面台阶前裸露的岸石上，由龟、蛇、鹤三种吉祥动物组成。龟、蛇驮着双鹤奋力向上，黄鹤帽脚踏龟蛇俯瞰人间。该铜雕重3.8吨，系纯黄铜铸成。

这些特别的建筑和黄鹤楼主楼连成一体，将黄鹤楼景区打造得更加完美动人。

阅读链接

1957年，我国在建长江大桥武昌引桥时，占用了黄鹤楼旧址，1981年重建黄鹤楼时，选址在距旧址约1千米的蛇山峰岭上。武汉是"百湖之市"，如果把长江、汉水、东湖、南湖以及星罗棋布的湖看成是连绵水域的话，城市陆地则是点缀在水面上的浮岛，武汉就是一座漂浮在水上的城市。

在这方壮阔的水面上，有一条中脊显得格外突出。从西向东，依次分布着梅子山、龟山、蛇山、洪山、珞珈山、磨山、喻家山等，这一连串的山脊宛如巨龙卧波，武汉城区第一峰喻家山是龙头，在月湖里躺着的梅子山则是龙尾。

传说这是武汉的地理龙脉。黄鹤楼恰好位于巨龙的腰上。骑龙在天，乘势而为，黄鹤楼的这种选址似乎透露出某种玄机。

滕王阁

滕王阁，素有"西江第一楼"之誉。雄踞江西南昌抚河北大道，坐落于赣江与抚河故道交汇处。

滕王阁建于653年，因唐太宗之弟李元婴始建而得名，因初唐诗人王勃诗句"落霞与孤鹜齐飞，秋水共长天一色"而流芳后世。

滕王阁被古人誉为"水笔"，在世人心目中占据着神圣地位，历朝历代备受重视。滕王阁也是古代储藏经史典籍的地方，从某种意义上来说，它是我国古代的图书馆。

唐高祖后代始建最早楼阁

三大名楼 文人雅士的汇聚之所

　　唐朝的开国皇帝唐高祖李渊，有一个儿子名叫李元婴，当他长大成年以后，他的哥哥李世民当上了唐朝的皇帝。

　　639年，李世民把这位弟弟封为滕王，并封邑他到山东为官。但由

■滕王阁正楼

■ 滕王阁风光

于李元婴从小出生在帝王之家，因此脾气非常不好，他在山东当了十多年官后，当地的老百姓非常不喜欢他，对他的意见很大。

这时，李元婴的哥哥李世民已经去世了，李世民的儿子李治继承了皇位，当他听说山东百姓对自己的这位叔叔不满以后，他便把李元婴派到了苏州担任刺史，后来，又把李元婴调到洪州担任都督。

当时的洪州便是后来的江西南昌，那是比较偏僻的荒蛮之地，是安置递降官员之所在。李元婴从小受到宫廷生活熏陶，能书善画，而且喜爱音乐、戏曲、舞蹈。为此，当他从苏州来到洪州时，他没有忘记带来一班歌舞乐伎。

但是，当时洪州城里没有一个合适的场所供他玩乐，他便只好在都督府里盛宴歌舞。可是，在自己的都督府内歌舞毕竟有许多美中不足之处。为此，这位滕王在空闲之时，便定期到郊外山林中打猎取乐。

封邑 是我国古代君主对臣下的一种物质奖励。封就是分封，邑就是城市。也就是说君主把自己国土中的一部分的财政收入奖励给某一个人。封邑是一种权贵的象征，被封邑的人可以在封邑范围内自由制定一些不违背国家利益的政策。

■ 滕王阁一角

章江 章水，即
赣江、赣水，为
赣江的古称，我
国的章江一称被
看作是赣江的支
流，与赣江的另
一支流在赣州城
下汇合成赣江，
章江水系共有大
小河流1298条，
主要支流为章水
和上犹江。章水
发源于崇义聂都
山，流经大余、
南康等地，流程
176.85千米。

有一次，他逐猎到了赣江东岸的南浦，即今南昌城西南的广润门外，章江至此分流。在这里，李元婴见西山横翠，南浦云飞，碧水如练，江上帆影绰绰，鸥鹭翔集，一派江南美景，不禁流连忘返。

后来，李元婴干脆带来自己的僚属和歌舞伎，来到章江门外的冈峦之上，摆开宴席，既眺望美景，又欣赏歌舞。

可是，城外的丘冈之上，遍地乱石杂草，歌舞伎们难以施展技艺。

这时，李元婴的一个手下便对滕王建议说："都督，你既然这么喜欢听歌赏舞，何不在江边筑一高阁，这样既可以饱览江山之秀，又可以享歌舞之乐，何乐而不为呢？"

李元婴听了后，觉得这个意见非常好，就采纳了。李元婴便以亲王的权力和财力，命人在数月的时间里，在江边的丘冈之上，修建了一座雄伟的楼阁。这一年是652年。

这座楼阁修成后，李元婴便常常在此饮酒赋诗，歌舞作乐。当然，这位滕王自己万万没有想到，他的建阁之举，竟然为后来的江西南昌留下了一笔宝贵的文化遗产，对南北文化交流以及江南歌舞的发展和繁荣起了重要的作用。

此楼阁建成后，因为李元婴又被称为滕王，为此，洪州官员便以滕王的封号冠以阁名，所以称为"滕王阁"。

这座楼阁在后来的日子里，几经兴废，唐代初建时的样子已经再也看不见了，后来重建的楼阁主体建筑净高57.5米，建筑面积13000平方米。其下部为象征古城墙的12米高台座，分为两级。

台座以上的主阁是根据"明三暗七"的形式而建造的，为此，人们在外面只看得到三层，而里面却有七层，三层明层，三层暗层，再加一层设备层。

楼阁的瓦件全部采用宜兴产碧色琉璃瓦，因唐宋多用此色。正脊鸱吻为仿宋特制，高达3.5米。勾头、滴水均特制瓦当，勾头为"滕阁秋风"四字，而滴水

鸱吻 是龙生九子中的儿子之一，平生好吞，即殿脊的兽头之形。这个装饰一直沿用下来，在古建中，"五脊六兽"只有官家才能拥有。泥土烧制而成的小兽，被请到皇宫、庙宇和达官贵族的屋顶上，俯视人间，真有点"平步青云"和"一人得道，鸡犬升天"的意味。

■滕王阁旁的亭阁

■ 滕王阁旁的铜狮

为"孤鹜"图案。

台座之下，有南北相通的两个瓢形人工湖，北湖之上建有九曲风雨桥。楼阁云影，倒映池中，盎然成趣。

循南北两道拾级登临一级高台。一级高台，踏步为花岗石打凿而成，墙体外贴江西星子地区产的金星青石。一级高台的南北两翼，有碧瓦长廊。

长廊北端为四角重檐"挹翠"亭，长廊南端为四角重檐"压江"亭。

从正面看，南北两亭与主阁组成一个倚天耸立的"山"字；而从天上向下俯瞰，滕王阁则有如一只平展两翅，意欲凌波西飞的巨大鲲鹏。

李元婴兴建滕王阁后，他又建造了一艘青雀舸，并常常率领僚属狎客乘青雀舸游弋江中，漫步洲渚。当他见到洲上五彩缤纷上下翻飞的蝴蝶时，不禁欣喜若狂。

李元婴本来工书善画，再经过师法自然，李元婴的画技愈发长进，所画蝴蝶分"大海眼"、"小海眼"、"江夏斑"、"村里来"、"菜子花"等。

其蝶、花莫不栩栩如生，终于渐成自家体系，他画过许多蝴蝶图，最有名的一幅是《百蝶图》，并从此在画坛留下了"滕派蝶画"的美名。有诗道：

磨漆画 主要是以漆作颜料，运用漆器的工艺技法，经逐层描绘和研磨而制作出来的画。磨漆画在借鉴传统漆器技法的基础上，融入现代绘画艺术手法，将"画"和"磨"有机地结合起来，使制作出来的画具有色调明朗、深沉，立体感强，表面平滑光亮等特点。

三大名楼

文人雅士的汇聚之所

腾王蛱蝶江都马，一纸千金不当价。

据说，当年，滕王在自己的楼阁里，还挂有一幅磨漆画《百蝶百花图》。为此，后人为了纪念喜好艺术的李元婴，在后来重建的滕王阁内，也制作了一幅磨漆画《百蝶百花图》。

这幅蝶画制作考究，工艺精湛。它以三合板为底，贴金箔为底色，用细铜丝勾勒蝴蝶的线条，将贝壳碾成粉末，敷成翅膀，花瓣儿用蛋壳拼成。

这幅作品风格独具一格，自成一派，称之为艺术林苑的一支奇葩。其材取于自然，无一丝做作之笔，完全是手工剪切粘贴而成，任何一件作品都是举世无双的，具有很高的欣赏价值。

贴金 一种古老的技艺，是中华民族民间传统工艺的瑰宝，5000多年前新石器时代中的青铜器上就出现了用黄金薄片的贴饰，到了3000多年前的商代，我国贴金技术日臻成熟，且广泛用于皇宫贵族或佛像寺庙的贴饰，以表现其富丽堂皇或尊贵庄重。

■南昌滕王阁建筑

唐三彩 是一种盛行于唐代的陶器，以黄、褐、绿为基本釉色，后来人们习惯地把这类陶器称为"唐三彩"。唐三彩吸取了我国国画、雕塑等工艺美术的特点，采用堆贴、刻画等形式的装饰图案，线条粗犷有力。它以造型生动逼真、色泽艳丽和富有生活气息而著称。

另外，因为滕王李元婴初建此楼阁的目的，是为了饮酒赋诗，歌舞作乐的，为此，后人们在重建的滕王阁内，还分别绘有唐代歌舞伎《唐伎乐图》浮雕和唐三彩壁画《大唐舞乐》等。

其中，唐三彩壁画在滕王阁的最高一层的大厅内南北东三面的墙上。

南面为"龙墙"，以男性歌舞乐伎为主，画面以《破阵乐舞》为大框架。据《新唐书·礼乐志》记载：唐太宗李世民为秦王时，征伐四方，破叛将刘武周，军中遂有《秦王破阵乐舞》之曲流传，歌颂其功德。李世民即位后，亲制《破阵乐舞》，其舞形及音乐"发扬蹈厉，声韵慷慨。"

在重建的滕王阁内，壁画中舞蹈者披甲执戟，作

■滕王阁壁画大唐舞乐

战武士打扮，具有浓厚的战斗气息和粗犷雄伟气势。

■滕王阁全貌

《破阵乐舞》的队列当中，有两组舞蹈的表演者。右边，两名胡人表演以跳跃动作为主的《胡腾舞》，这种舞蹈为唐代西北少数民族舞蹈，出自石国，也就是唐属安西大都护府管辖，也就是后来的乌兹别克塔什干一带。舞蹈者头戴珠帽，穿长衫，腰系宽带，足磴黑色软靴，有诗道：

　　　扬眉动目踏花毯，红汗交流珠帽偏。

在队列左边，两名舞者执剑跳起，表演的是《剑器舞》。唐代著名舞蹈艺人公孙大娘善舞剑器，诗人杜甫在《观公孙大娘弟子舞剑器行》诗中描绘道：

戟 是一种我国独有的古代兵器。实际上戟是戈和矛的合成体，它既有直刃又有横刃，呈"十"字或"卜"字形，因此戟具有钩、啄、刺、割等多种用途，其杀伤能力胜过戈和矛。戟在商代即已出现，西周时也有用于作战的，但是不普遍。到了春秋时期，戟已成为常用兵器之一。

节度使 是我国从唐代开始设立的地方军政长官。因受职之时，朝廷赐以旌节而得名。节度一词出现甚早，意为节制调度。唐代节度使渊源于魏晋以来的持节都督。北周及隋改称总管。唐代称都督。贞观以后，又设置行军元帅或行军大总管统领诸总管。

■滕王阁牌匾

霍如羿射九日落，矫如群帝骖龙翔。来如雷霆收震怒，罢如江海凝清光。

画面中后部，舞者身披狮皮表演《五方狮子舞》。五名舞者装扮成五头不同颜色的狮子，各立一方，表演狮子"俯、仰、驯、狎"等各种情态，有两人扮成"昆仑像"，就是戏狮的人，牵着绳，拿着拂尘彩球逗弄狮子，场面雄伟壮观。

这幅画与前面的《破阵乐舞》队形有机地联系在一起。画面后部是乐台上下的伴奏乐伎。

大厅北面为"凤墙"，以女性歌舞乐伎为主，画面以唐代著名宫廷乐舞《霓裳羽衣舞》为主体。

传说，唐朝的第六位皇帝唐玄宗曾听得月宫仙乐，玄宗默记下一半，后西凉节度使杨敬述献上《婆罗门曲》，与玄宗记下的仙乐相符，玄宗将此曲润色并重新填写歌词，改名《霓裳羽衣曲》。其音乐、舞蹈和服饰都着力描绘虚无缥缈的仙境和仙女形象。

　　据说，唐代诗人白居易欣赏完滕王阁内的《霓裳羽衣舞》壁画后，在诗中描绘，其服饰：

　　　　　　案前舞者颜如玉，不着人间俗衣服。

　　　　　　虹裳霞帐步摇冠、细璎累累佩珊珊。

其舞姿：

　　　　　　飘然转旋回雪轻，嫣然纵送游龙惊。

　　　　　　小垂手后柳无力，斜曳裙裾云欲生。

　　在《霓裳羽衣舞》的左边，两名女童踩莲对舞，表演的是《柘枝舞》。此舞为唐代西北少数民族舞蹈。

　　《柘枝舞》画面的中后部，两名舞伎在圆形地毯上快速轻盈地旋转，表演的是《胡旋舞》，此亦是唐代西北少数民族舞蹈，出自康国，唐代属安西大都护府管辖。其舞姿动作轻盈，急速旋转，节奏鲜

滕王阁宫灯

明，主要以鼓伴奏。

《胡旋舞》的画面后部是伴奏乐伎。整个舞蹈场面设置在满塘春水、绿荷粉芙蓉的水榭之上，旁有两只仙鹤，一左一右，上下翩飞，烘托了轻歌曼舞、飘飘欲仙的气氛。

除了这幅大型的唐三彩壁画，在后来修建的滕王阁内，还有一副长2.65米，宽1.85米的大型铜浮雕《唐伎乐图》，它位于滕王阁三层西大厅的东墙上，画面着力塑造了三位唐代舞伎，表演的是《霓裳羽衣舞》。

三名舞伎周围，分别雕刻有马术、摔跤、斗牛、横吹等一系列民间游艺竞技场面以及星相等，两侧是操持各种乐器奏乐的艺人。

整个画面体现了唐代国富民强、盛世升平之景象。

阅读链接

在我国，不仅南昌有一座滕王阁，在四川的阆中地区，也有一座滕王阁，而这座滕王阁的始建人也是滕王李元婴。

原来，当年在李元婴修成南昌滕王阁的27年后，唐高宗李治又把李元婴调到四川阆中地区接任其兄鲁王灵夔出任刺史。

李元婴一到阆中，就以"衙役卑陋"为名，在阆中修建宫殿和高楼，又在阆中玉台山建台观和滕王亭，供自己游乐。这样一来，在我国的土地上，便出现两个滕王阁。

王勃为楼阁作千古名序

761年，唐代诗人王勃从山西老家出发，万里迢迢去看望因他而被贬官的父亲，当他坐船来到了江西与安徽交界的马当山时，突然遇上风浪，不得前行，只能靠岸。

于是，王勃就到马当山庙里观赏里面的佛像，当他赏玩够了正想回到船上去时，突然看见一位头发花白的老人家坐在岸边的一块巨石上。

滕王阁院内的王勃塑像

王勃刚想走上前去与老人打招呼，老人就问他："来的是王勃吗?"

王勃非常惊讶对方居然认识自己，便说："正是，不知老人家怎么认识我?"

■滕王阁牌匾

重阳节 为农历
九月初九。《易
经》中把"九"
定为阳数，九月
初九，两九相
重，故而叫重
阳，也叫重九。
重阳节早在战国
时期就已经形
成，到了唐代，
重阳被正式定为
民间的节日，
此后历朝历代一
直沿袭。重阳这
天所有亲人都要
一起登高"避
灾"，插茱萸、
赏菊花。

那老人说："明天是九九重阳节，滕王阁上有聚会，如果你能前往赴宴，并且作一文章，定能够永垂不朽！"

王勃笑着说："老先生您有所不知，这里离洪都的滕王阁有六七百里远，我在明天根本就不可能赶得到啊？"

老者对王勃神秘地一笑，便接着说："只要你愿意去，老朽我愿意助你一阵清风，让你明天早上就能到达洪都。你看如何？"

王勃不禁疑惑地看了看老者，问："拜问老先生，您是神，还是仙？"

老者笑笑不说话，只是轻轻地把王勃一推，王勃便被老者推上了船。

王勃一上船，那船便自己向前驶去。却听见那老者在王勃的后面说："吾即中源水君，适来山上之庙，便是我的香火……"。

等王勃再向岸边望去时，岸上的老者已经不在了。王勃进入船舱休息了一夜，等他第二天一早醒来时，发现自己已经来到了洪州的滕王阁旁的江边。

原来，此前，由滕王李元婴主持兴建的那座滕王阁早已破败不堪，于是洪州现任的都督阎伯屿便自己出钱请来工匠维修了这座楼阁。楼阁维修完成后，为了让大家看到自己的修筑功劳，阎伯屿都督便在重阳节这天，请来了各界有名的才子，让大家为这座楼阁作记。

这天，等各位才子都就座了，阎伯屿便对他们说："大家都知道，这滕王阁是洪都的一大绝景，在座的各位，如果能为滕王阁作一篇记，那就是再好不过的事情了。"

其实，这阎伯屿早就叫他的女婿吴子章提前写好序文，所以在座各位都假装写不出来，想推让吴子章，好让阎伯屿翁婿名利双收。

可是，由于王勃是刚到这里的，他不了解这其中的内情，接过笔就立即写了起来。

这个时候，阎伯屿自然就不高兴了，他悄悄地退回到屏风的后面，让一个仆人向自己报告王勃所写的序文。

■滕王阁模型

屏风 是古时建筑物内部挡风用的一种家具。屏风作为传统家具的重要组成部分，历史由来已久。屏风一般陈设于室内的显著位置，起到分隔、美化、挡风、协调等作用。它与古典家具相互辉映，相得益彰，浑然一体，成为家居装饰不可分割的整体，而呈现出一种和谐之美、宁静之美。

郡 我国古代的行政区划单位之一。始见于战国时期。秦统一天下设三十六郡，后汉起，郡成为州的下级行政单位，介于州刺史部和县之间。隋朝废郡制，以县直隶于州。唐朝道、州、县，武则天时曾改州为郡。明清称府。

一会儿，仆人向阎伯屿悄声说："南昌故郡，洪都新府……"

阎伯屿一听，说："这是老生常谈，谁人不会！"

一会儿，仆人又来报："星分翼轸，地接衡庐……"

听到这里，阎伯屿便不说话了。

接着，仆人又进来说："物华天宝，龙光射牛斗之墟；人杰地灵，徐孺下陈蕃之榻……"。

阎伯屿笑道："这个人把我当作知音。"

后来，仆人又一次地进来说："落霞与孤鹜齐飞，秋水共长天一色……"。

阎伯屿听到这里，顿时眉开眼笑，大声叫好，

■ 滕王阁宝鼎

■ 滕王阁侧影

说："这个人下笔如有神助，真是天才啊！"

一根香的工夫过去后，王勃终于完成了著名的《滕王阁序》。

阎伯屿接过王勃作的《序》，高兴得合不上嘴了，立即邀王勃喝酒。此时，这位阎都督早已经忘记了自己女婿的序文，趁着酒兴，阎伯屿对王勃说："这滕王阁，有了你的好文章，一定能够流传千古，我赏你千金！"

后来，阎伯屿果然赏给了王勃千两银子。

不仅如此，在王勃离开都督府前，他又在自己的《滕王阁序》后面作了一首诗：

滕王高阁临江渚，佩玉鸣鸾罢歌舞。

画栋朝飞南浦云，珠帘暮卷西山雨。

王勃（649—676），唐代诗人。汉族，字子安。绛州龙门人。王勃与杨炯、卢照邻、骆宾王齐名，并称"初唐四杰"，其中王勃是"初唐四杰"之冠。

■仰望滕王阁

闲云潭影日悠悠，物换星移几度秋。

阁中帝子今何在？槛外长江空自流。

从这一天起，阎伯屿新修的滕王阁便因为王勃为楼阁作的序和诗而越来越出名了，而王勃本人的序和诗呢，也因为滕王阁而闻名。

到后来，因为王勃作的这个《序》，还让滕王阁成为我国三大名楼中最早名扬天下的楼阁，因此，此楼又被称为被誉为"江南三大名楼"之首。可以说，滕王阁之所以能够闻名，这与王勃为它作的《滕王阁序》是分不开的。

正是因为如此，人们在后来建成的滕王阁一层大厅中，便特意制作了一幅名为《时来风送滕王阁》的汉白玉浮雕，上面描述的就是当年王勃作序的故事。

浮雕主体部分，王勃昂首立于船头，周围波翻浪

汉白玉 是一种名贵建筑材料，它洁白无瑕，质地坚实而又细腻，非常容易雕刻，古往今来的名贵建筑多采用它作原料。据传，我国从汉代起就用这种宛若美玉的材料修筑宫殿，装饰庙宇，雕刻佛像，点缀堂室。因为是从汉代开始用这种洁白无瑕的美玉来做建筑材料的，所以也就顺口说成了汉白玉。

涌，表现王勃藉神力日趋700里赶赴洪都的英姿。画面右部为王勃被风浪所阻，幸得"中源水君"相助的情景，左部为王勃赴滕王阁宴会，挥毫作序的场景。

整个构图采用时空合成的现代观念，将不同时间、地点、人物、故事融合在同一个画面，以传统雕塑手法，并通过朦胧灯光的处理，将人们带入幽远迷人的意境中。

在这幅浮雕的右部下方，还有几只飞翔的海鸥，这些鸟名叫"王勃"。王勃后来是溺水死的，据说从那之后，这些鸟每天就在这赣江之上飞来飞去，好像在寻找王勃的踪影。

不仅如此，人们为了纪念王勃所作的《滕王阁序》，还专门在后来建成的滕王阁第五层中厅的正中屏壁上，镶置了一块近10平方米，用黄铜板制作的《滕王阁序》碑，上面的碑文乃是北宋书法家苏东坡亲自手书，后人经复印后放大，由工匠手工镌刻而成。这《滕王阁

■滕王阁题词

序》的全文为：

南昌故郡，洪都新府。星分翼轸，地接衡庐。襟三江而带五湖，控蛮荆而引瓯越。物华天宝，龙光射牛斗之墟；人杰地灵，徐孺下陈蕃之榻。雄州雾列，俊采星驰，台隍枕夷夏之交，宾主尽东南之美。都督阎公之雅望，棨戟遥临；宇文新州之懿范，襜帷暂驻。

十旬休假，胜友如云；千里逢迎，高朋满座。腾蛟起凤，孟学士之词宗；紫电青霜，王将军之武库。家君作宰，路出名区；童子何知，躬逢胜饯。

时维九月，序属三秋。潦水尽而寒潭清，烟光凝而暮山紫。俨骖騑于上路，访风景于崇阿。临帝子之长洲，得仙人之旧馆。层台耸翠，上出重霄。

鹤汀凫渚，穷岛屿之萦回；桂殿兰宫，列冈峦之体势。披绣闼，俯雕甍，山原旷其盈视，川泽盱其骇瞩。闾阎扑地，钟鸣鼎食之家；舸舰迷津，青雀黄龙之轴。虹销雨霁，

■滕王阁壁刻

彩彻区明。落霞与孤鹜齐飞，秋水共长天一色。渔舟唱晚，响穷彭蠡之滨；雁阵惊寒，声断衡阳之浦。

遥襟俯畅，逸兴遄飞。爽籁发而清风生，纤歌凝而白云遏。睢园绿竹，气凌彭泽之樽；邺水朱华，光照临川之笔。四美具，二难并。穷睇眄于中天，极娱游于暇日。

天高地迥，觉宇宙之无穷；兴尽悲来，识盈虚之有数。望长安于日下，指吴会于云间。地势极而南溟深，天柱高而北辰远。关山难越，谁悲失路之人？萍水相逢，尽是他乡之客。怀帝阍而不见，奉宣室以何年？

嗟乎！时运不济，命运多舛。冯唐易老，李广难封。屈贾谊于长沙，非无圣主；窜梁鸿于海曲，岂乏明时。所赖君子安贫，达人知命。老当益壮，宁移白首之心？穷且益坚，不坠青云之志。酌贪泉而觉爽，处涸辙以犹欢。北海虽赊，扶摇可接；东隅已逝，桑榆非晚。孟尝高洁，空怀报国之心；阮籍猖狂，岂效穷途之哭！

勃，三尺微命，一介书生。无路请缨等终军之弱冠；有怀投笔，慕宗悫之长风。舍簪笏于百龄，奉晨昏于万里。非谢家之宝树，接孟氏之芳邻。他日趋庭，叨陪鲤对；今晨捧袂，喜托龙门。杨意不逢，抚凌云而自惜；钟期既遇，奏流水以何惭？呜呼！胜地不常，盛筵难再。兰亭已矣，梓泽丘墟。临别赠言，幸承恩于伟饯；登高作赋，是所望于群公。敢竭鄙诚，恭疏短引。一言均赋，四韵俱成。请洒潘江，各倾陆海云尔！

这篇长800多字的序文，字字珠玑、句句生辉、章章华彩，在这《滕王阁序》中，最著名的两句是"落霞与孤鹜齐飞，秋水共长天一色"。这著名的句子后来被人们刻写在重建的滕王阁主阁正门两边，成为一幅巨大的对联。

每当暮秋之后，鄱阳湖区就有成千上万只候鸟飞临，构成一幅活生生的"落霞与孤鹜齐飞，秋水共长天一色"图，成为滕王阁的一大胜景。

三大名楼
文人雅士的汇聚之所

阅读链接

当年，王勃写完序以后，又立即写了诗：闲云潭影日悠悠，物转星移几度秋。阁中帝子今何在？槛外长江……自流。

不过，王勃在此诗的最后一句空了一个字未写，而是将序文和诗呈上就走了。

在座的人看到这里，有人猜是"水"字，有人猜是"独"字，阎伯屿都觉得不对，便立即派人追回王勃，请他补上。

仆人赶到驿馆，王勃的随从对来人说："我家主人吩咐了，一字千金，不能再随便写了。"

阎伯屿知道，又派人包了千两银子，亲自率文人们拜见王勃。王勃接过银子后，故作惊讶地问道："我不是把字都写全了吗？"

大家都说："那不是个'空'字吗？"

王勃说："对呀！就是'空'字呀！"

"是'槛外长江空自流'吗！"众人恍然大悟。

唐时对楼阁的维修和诗赞

滕王阁自唐代初年创建以来，在这漫长的岁月中，滕王阁既经历了歌舞升平的年代，也饱尝了满目疮痍的风霜。

790年，滕王阁第一次被火焚毁，唐代中丞御史王仲舒组织工匠对按照初唐时楼阁的原样重建。

没想到，到820年时，滕王阁又一次被毁，王仲舒再次组织人员重修。经过这次重修后，滕王阁的规模比初创时有所扩大。

■滕王阁全景

重修之阁，平面呈方形，东西长约23.33米，南北宽约24.88米。阁高约14.31米，包括底层高约4米，二层高约3.34米，中柱上通屋脊约8米，共六开间。此外，楼阁旁边的附属建筑亦不少。

■ 滕王阁牌匾

这座楼阁建成以后，王仲舒请来了自己的好友王绪为滕王阁作了《滕王阁赋》，接着，王仲舒自己又作《滕王阁记》。如此一来，滕王阁便传出了"三王记滕阁"的佳话。

不仅如此，在王仲舒第二次重修滕王阁之后，唐代大文学家韩愈来到了滕王阁，情不自禁地称赞说："江南多临观之美，滕王阁独为第一。"在感慨之余，韩愈又挥笔写成了著名的《新修滕王阁记》。他在文中写道：

愈少时则闻江南多临观之美，而滕王阁独为第一，有瑰伟绝特之称；及得三王所为序、赋、记等，壮其文辞，益欲往一观而读之，以忘吾忧；系官于朝，愿莫之遂。

十四年，以言事斥守揭阳，便道取疾以至海上，又不得过南昌而观所谓滕王阁者。其冬，以天子进大号，加恩区内，移刺袁州。

袁于南昌为属邑，私喜幸自语，以为当得躬诣大府，受约束于下执事，及其无事且还，倪得一至其处，窃寄目偿所愿焉。

至州之七月，诏以中书舍人太原王公为御史中丞，观察江南西道；洪、江、饶、虔、吉、信、抚、袁悉属治所。

八州之人，前所不便及所愿欲而不得者，公至之日，皆罢行之。大者驿闻，小者立变，春生秋杀，阳开阴闭。令修于庭户数日之间，而人自得于湖山千里之外。

吾虽欲出意见，论利害，听命于幕下，而吾州乃无一事可假而行者，又安得舍己所事以勤馆人？则滕王阁又无因而至焉矣！

其岁九月，人吏浃和，公与监军使燕于此阁，文武宾士皆与在席。酒半，合辞言曰："此屋不修，且坏。前公为从事此邦，适理新之，公所为文，实书在壁；今三十年而公来为邦伯，适及期月，公又来燕于此，公乌得无情哉？"

公应曰："诺。"

于是栋楹梁桷板槛之腐黑挠折者，盖瓦级砖之破缺者，赤白之漫漶不鲜者，治之则已；无侈前人，无废后观。

工既讫功，公以众饮，而以书命愈曰："子其为我记

滕王阁曲桥池水

■ 滕王阁藻井

之！"

　　愈既以未得造观为叹，窃喜载名其上，词列三王之次，有荣耀焉；乃不辞而承公命。其江山之好，登望之乐，虽老矣，如获从公游，尚能为公赋之。

　　在当时，韩愈是个了不得的人，他不仅是"唐宋八大家"之一，而且还是当时的"文坛霸主"，为此，他能为滕王阁做文章那是非常不容易的。

　　这样一来，在他的美文佳句的渲染之下，滕王阁越来越出名，历任洪州的官员也都不得不看重滕王阁，把它精心保护起来，并不断地维修和扩建。

　　848年夏天，滕王阁又一次被毁，江西观察使纥干在楼阁被毁的第二天便鸠工庀材，在原址上重建，

观察使 我国古代官名，唐代后期出现的地方军政长官，全称为观察处置使。原称采访使。唐玄宗设，原为一种监察官，近于御史，后变成军事、行政的官职。后人雅称明清的道员为观察使。因观察使大多不持节，故权力略低于节度，其幕府官兵亦略少于节度使。

并于同年秋八月竣工。

这次重建后，滕王阁的阁基又比以前扩大，东西长约28.67米，南北阔约30.67米，高约20米，设房7间，上下共分3层。

同时，还增加了厅、轩、楼、榭、亭、津、馆等附属建筑。当时的文学家在"重建记"中有"飞天累榭"、"回廊并抱"等说法。

此时的滕王阁已扩大为赏花纳凉、登高吟诗、观灯赏雪、饮酒品茶、抚琴观画等各种高雅的文化娱乐场所了。经过此次重建，滕王阁甚为坚固，历经风雨360年左右。

从这次重建以后，唐代众多诗人来到这座楼阁上，欣赏这座壮观的楼阁，并留下一些著名的诗句，如大诗人白居易的《钟陵饯送》、杜牧的《怀钟陵旧游三首》、李涉的《重登滕王阁》和张九龄的《登

■ 高耸的滕王阁

滕王阁一角

豫章郡南楼》、《登城楼望西山作》等。

其中，白居易在《钟陵饯送》中写道：

翠幕红筵高在云，
歌声一曲万家闻；
路人指点滕王阁，
看送忠州白使君。

杜牧在《怀钟陵旧游三首》中的"滕王阁"写道：

滕阁中春绮席开，柘枝蛮鼓殷情雷；
垂楼万幕青云合，破浪千帆阵马来。
未掘双龙牛斗气，高悬一榻栋梁材；
连越控巴知何事，珠翠沉檀处处催。

李涉在《重登滕王阁》中写道：

滕王阁上唱伊州，二十年前向此游；
半是半非君莫问，西山长在水长流。

这些诗人用精简的诗句把在滕王阁上看到的风景完整地叙述出来，这不仅让更多的人想来了解这座壮丽的建筑，也为南昌古城平添不少文采风流。

另一方面，因为在唐代，韩愈的《新修滕王阁记》也是非常闻名的，所以，后人们在重建的滕王阁一级高台朝东的墙面上，还镶嵌了五通石碑。

其中，人们把韩愈的《新修滕王阁记》用隶书刻写在了这五通碑

■滕王阁景物

正中的一幅长卷式石碑上，此碑由八块汉白玉横拼而成，约10米长、1米高，外围以玛瑙红大理石镶边，宛如一幅装裱精工的巨卷。

阅读链接

据说，韩愈在年轻的时候就听说江南有很多值得登高游玩的地方，但只有滕王阁排在第一位。特别是当他看到"三王"所写的序、赋、记等文章后，韩愈更觉得他们的文章言辞很壮美，更加想要去那里看一看，然后阅读前人文章，来忘记他的忧愁。

但是，由于韩愈一直在朝廷做官没有机会去参观滕王阁。直到848年冬天，因为皇帝改变年号，在国内施加恩德，韩愈转任袁州刺史。而袁州便是南昌的附属地方，为此，当韩愈去袁州做官的时候，顺便去观赏了滕王阁。

与此同时，又正好是王仲舒对滕王阁的第二次重修后。于是，王仲舒当即宴请了韩愈，并请韩愈作了著名的《新修滕王阁记》。

宋代重建后进入全盛时期

　　滕王阁自从848年在唐末年间修成后，一直到北宋的1108年以前，滕王阁一直没有重修过。

　　因年代久远，这座古老的楼阁因失修而塌毁。于是，当时担任洪州知府的侍郎范坦又对这座楼阁进行了重建。

　　这次重建后，整个楼阁的阁基反而比唐阁增高了不少，东西长度扩大了，南北宽延长了，同时，在主楼的南北两侧，还增建了"压

■滕王阁"雄州雾列"方庭

江"和"挹翠"两亭，呈
对称布局。逐渐形成以阁
为主体的建筑群。

　　新建成的滕王阁华丽
堂皇，宏伟壮观，被誉为
"历代滕王阁之冠"，从
此，滕王阁进入了它的全
盛时期。

　　这次滕王阁建成后，
龙图阁大学士、丞相范致
虚为之作了《重建滕王阁
记》，他在文中写道：

■滕王阁外观

　　　　阁"崇三十有八尺，广旧基四十尺，
　　增高十之一。南北因城以为庑，夹以二亭：
　　南溯大江之雄曰'压江'，北擅西山之秀曰
　　'挹翠'。"

　　从这篇《记》中，我们可以看出当时的滕王阁是
非常壮观的。

　　人们为了记住宋代这座最为华丽的楼阁，还在
《天籁阁旧藏宋人画册》中记录下了这座楼阁当时的
样子。

　　从遗留下来的《滕王阁图》中可以看出，宋代重
建的滕王阁共分三层，层支都用"如意"斗拱层叠相
衬。一、二层有回廊，廊上有雕栏，下有台阶，可拾

龙图阁大学士
　我国古代官名。
是皇帝身边侍从
的荣衔，掌管御
书、御制文集、
典籍、属籍、世
谱等事。我国宋
代著名的清官包
公就是龙图阁学
士之一。在我国
古代，大学士原
本不是官职，而
是一种学位。因
为我国历史上中
后期以科举取
官，所以当官的
总要显示一下自
己的学问水平
高，而大学士就
是最高学位。

抱厦 建筑术语。是指在原建筑之前或之后接建出来的小房子。顾名思义，在形式上如同接抱着正屋、厅堂。宋代管这样的建造形式的殿阁叫"龟头屋"，清代叫法"抱厦"。

赣江 是我国江西最大河流。长江下游最重要支流之一。位于长江以南、南岭以北。西源章水出自广东毗连江西南部的大庾岭，东源贡水出自江西武夷山区石城的赣源岽，在赣州汇合称赣江。

■ 滕王阁景色

级而上。第三层为假楼。

阁下有基，阁依山傍河，河中扁舟一叶，对面西山一抹。主阁十字脊的歇山式顶下有檐，与下部的抱厦、腰檐、平坐、栏杆等相组合，从而组成富于变化的外观。

阁的飞檐的尖端还以龙凤雕饰，显得极为华美。在主阁的周围还配有一些较低的建筑，还有假山点缀其间，与葱茏的树木相映，从而形成一个游观群体。

从北宋至南宋共有300多年的历史，其间修建滕王阁的次数恐怕不止一次。

据陈宏绪《江城名迹记》记载，宋南渡后，因赣江江岸坍塌，宋阁曾移建于城上，但重建时间及规模却无文字记载，不可定论。但可以肯定的是，宋阁乃是滕王阁历史上的极盛时期。

如此壮观、华丽的楼阁，自然也就引来了宋代众多的文人雅士为它作诗，其中有北宋的王安石、王安国和苏辙，以及南宋的朱熹、辛弃疾和文天祥等，这些文人为大家留下了许多美文。

其中，王安国的《滕王阁感怀》中写道：

■滕王阁牌匾

> 滕王平日好追游，高阁魏然枕碧流。
> 胜地几经兴废事，夕阳偏照古今愁。
> 城中树密千家市，天际人归一叶舟。
> 极目烟波吟不尽，西山重叠乱云浮。

苏辙的《题滕王阁》中写道：

> 客从筠溪来，奇侧舟一叶。
> 忽观章贡馀，晃荡天水接。
> 霜风出洲渚，草木见毫末。
> 气奔西山浮，声动古今业。
> 楼观却相倚，山川互开阖。
> 心惊鱼鸟会，目送凫雁灭。
> 遥观客帆久，更悟江流阔。

苏辙（1039—1112），字子由。1057年，与兄苏轼同登进士科。1072年，出任河南推官。1085年，被召回，任秘书省校书郎、右司谏，进为起居郎，迁中书舍人、户部侍郎等职，直至崇宁三年。苏辙是唐宋八大家之一，与父苏洵、兄苏轼齐名，合称"三苏"。

使君东鲁儒，府有徐孺榻。

高谈对宾旅，确论精到骨。

余思属洲山，登临寄遗堞。

骄王应笑滕，狂客亦怜勃。

万钱罄一饭，千金买丰碣。

毫气相凌荡，俳语终仓卒。

事往空长江，人来逐飞楫。

和篇亦无陋，抱恨费弹压。

但当倒瓶罂，一醉沧江月。

这些精美的诗句，不仅点出了当年滕王阁居高临远之势，又写出了滕王阁在宋代时的壮丽形象，为我们后人研究宋代楼阁提供了可观的文字资料。

另一方面，因为宋代建成的滕王阁是所有朝代中兴建的最为壮观、规模也是最大的，为此，后人们在

■滕王阁建筑

■滕王阁附近的牌坊

重建滕王阁时，基本都保持了宋代建筑的样式，将楼阁艺术造型达到极高成就。

同时，在后来修成的滕王阁建筑群中，人们还专门修建了两座仿宋式大牌楼。

一处位于滕王阁正门榕门路口，是一座高大的二柱七楼彩绘大牌楼，跨度15米，牌楼正中是青石贴金横匾2方，东为"滕阁秋风"，西为"胜友如云"，华美的彩画显示滕王阁独特的魅力。

另一处位于滕王阁南门入口处，是一座白色四柱五檐徽式大理石牌坊，牌坊正中嵌两方贴金横匾，朝南为"栋戟遥临"，朝北为"美尽东南"。

阅读链接

　　唐宋一脉相承，宋代建筑是唐代建筑的继承和发展。宋代的楼阁建筑极窈窕多姿，建筑艺术造型达到极高成就。

　　古建大师梁思成先生偕同其弟子莫宗江根据"天籁阁"旧藏宋宫廷画《滕王阁》绘制了八幅《重建滕王阁计划草图》。

　　在后来重建之时，建筑师们以此作为依据，并参照宋代李明仲的《营造法式》，设计了我国后来的仿宋式的雄伟楼阁。

元代时经历的两次修建

滕王阁饱经沧桑，历史上屡毁屡建，元代的滕王阁，自忽必烈于1279年建立元朝后，在近100年的时间里，先后经历过两次重建。

第一次是1294年。当时，滕王阁几经战乱而破败不堪，大有倾塌之势。这一年，元世祖忽必烈将南昌改名为龙兴，并封裕皇前来江西。这裕皇便是元裕宗，名真金，是世祖忽必烈的嫡子。

滕王阁大钟

裕皇在1261年时被封为燕王，1273年时被封为皇太子，之后，元世祖便把他派到了龙兴封地。

1294年，裕皇到滕王阁游玩，发现这座古老的楼阁非常破败，他便立即向自己的奶奶隆福皇太后要银子，想要重建这座楼阁。

■滕王阁一角

　　隆福皇太后在大家的请求之下，由隆福官拨出5000缗银子，将阁移建城墙之上，于是重新修成了一座漂亮的楼阁。

　　此楼阁修成后，元代文学家姚燧在《滕王阁记》中专门介绍了这座楼阁的修建情况：

　　　　国朝分建行中书省，其镇乎江西者，即龙兴而治焉。郡城之上，有曰滕王阁者，府临章江，面直西山之胜。自唐永徽至元和十五年百七十余年之间，其重修而可知者，昌黎韩文公记，之后五百四十九年，当我朝之至元三十有一年，省臣以兹郡贡赋之出，隶属东朝，乃得请隆福皇太后赐钱而修之，记其事者，柳城姚文公也。

　　　　……非若今出钱隆福官，一瓦一木，不阶其旧，悉毁而新之如是。不变其名，犹曰

三大名楼

文人雅士的汇聚之所

■滕王阁牌匾

奎章阁侍读大学士 奎章阁，又称宣文阁。元代文宗帝"建奎章阁于大内"，陈列珍玩，储藏书籍，是上都皇城的重要宫殿。后改为学士院，汇集著名学者文士，成为学术艺术的殿堂。侍读大学士则是在奎章阁内，陪侍帝王读书论学或为皇子等授书讲学的人。

"滕王阁"。

……深以五筵，崇以七寻，其势则出而云飞矣。

从姚燧的文章中，可以知道，这一次滕王阁不是重修，而是重建，其规模不一定超过前代，但是气势却不逊色，宋代时留下的旧砖瓦等一律都没有使用。

除了姚燧的《滕王阁记》，元代著名散文家贡师泰也为这座新建的楼阁作了一首《题滕王阁图》：

雄地控华甸，杰阁临芳洲。

飞甍起千仞，曲阑围四周。

丹碧何辉煌，文采射斗牛。

帝子去不返，俯仰几经秋。

江黑帘雨卷，山青栋云收。

孤舟天际来，扬帆在中流。

狂飙薄暮起，坐觉增烦忧。

何当扫重翳，白日耀神州。

开图发长叹，天地一浮沤。

从古人留下的这些资料描写可以看出，1294年新修建的滕王阁气势不凡，气薨千仞，曲阑回护，丹碧辉煌。

在元代，滕王阁的第二次重修是在40年后，也就是1334年。当时，江南行台御史大夫塔夫帖木儿来到南昌，游登滕王阁，见阁破旧将倾，便采纳当地的最高官平章马合睦的建议，于同年12月兴工，第二年7月竣工，阁址仍在城墙之上。

重建后的滕王阁，其规模虽比宋阁缩了一些，但"材石坚致，位置周密，檐宇虚敞，丹刻华丽，有加

■滕王阁牌匾

于昔"。新阁落成，塔夫帖木儿遣使请奎章阁侍读大学士、礼部尚书虞集撰写《重建滕王阁记》：

> 今天子即位，改元元统，其明年甲戌，江南行台御史大夫塔失贴木尔，时以丞相来镇兹省，尝登斯阁，而问焉，追惟裕皇先后之遗德，期有以广圣上之孝心。
>
> 平章马合睦赞之曰："重熙累洽之余，民力亦既纾息，名迹弗治，将无以致执事之恪恭也。"
>
> 集众思于僚佐，请于朝而作新之。是年十二月丙子，授工庀役，越明年乙亥，仍改元至元之岁，其五月之吉柱立梁举。
>
> 属吏之来受事者，相与登临览观于斯阁，优游雍容以歌颂国家之盛，而发挥其尊主庇民之心，不亦伟乎。

在此文章中，虞集还认为，可以将江西的文物瑰宝汇集陈列在阁上，一则可供游人观赏，炫耀南昌的确是"物华天宝，人杰地灵"；二则可让四方宾客"登临览观，优游雍容，以歌颂国家之盛，而发挥

三大名楼

文人雅士的汇聚之所

滕王阁飞檐

尊主庇民之心"。

不仅如此，虞集还为滕王阁写了几首著名的诗，他在《题滕王阁》中写道：

豫章城上滕王阁，不见鸣銮佩玉声。
唯有当时帘外有，夜深依旧照江城。

■滕王阁雕像

从虞集的描述中，我们可以知道，元代第二次修建的滕王阁是在原旧址上重修的，基座就是郡城的城墙，背负城市，俯瞰赣江，面直西山。

人们为了纪念元代重建的这座楼阁，还专门留下了元代的《滕王阁图》，从这幅图中，我们可以看到，元代的滕王阁在建筑艺术上，雄浑壮观，雕饰简朴，粗犷有力。这幅元代的古图一直保存着，后来被完整地收藏在重建成的滕王阁内。

阅读链接

历史上，裕皇真金并未继位，他与元世祖忽必烈同在1294年去世。裕皇的儿子成宗铁穆耳即位，追谥裕宗为文惠明孝皇帝，尊其母阔阔真为隆福皇太后。

因为，在姚燧的文章中提到的隆福皇太后，可能是裕皇的妻子，如此一来，那么真正在元代第一次号召修建滕王阁的人，可能是裕皇的儿子铁穆耳了。

明代时经历的七次修建

明太祖朱元璋画像

1368年8月的一天，是明朝太祖朱元璋大好消息的日子，他经过18年的浴血奋战，终于在鄱阳湖的泾江口，得到他的老对手陈友谅死去的消息。

于是，在那一天，朱元璋和他的部下到了洪都后，为了庆祝胜利，他便传令在滕王阁上大摆庆功宴，犒赏三军。

因为楼阁地方有限，当时的宴席铺满了滕王阁左右的各个亭子和空敞的地坪，朱元璋的宴席设在三楼。

在这一天，南昌城里鼓乐

喧天，鞭炮齐鸣；滕王阁上张灯结彩，一片辉煌。这时，红光满面的朱元璋端着酒杯，在刘伯温、胡大海、宋濂等一班文臣武将的簇拥下，一边向两旁的将士致意，一边健步登上滕王阁的三楼。

在这之前，因为忙于战事，朱元璋曾几次路过这座名楼，而没有登楼静心赏景。

今天，却不一样，当他登上三楼，凭栏远眺，江西烟云朦胧，章江之水滔滔北去，南浦上空流云飞渡，真是令人赏心悦目。

观赏完毕，文武官员，二字排开等朱元璋入座后，相继入席坐定。

朱元璋高举酒杯朗声说道："吾与友谅大战鄱阳湖十有八载，全靠诸位出生入死，浴血奋战，才有今日之胜利，才有大宴名阁，望诸位一口而尽，一醉方休。"说罢，朱元璋一饮而尽。

几天后，朱元璋又带着自己的部队，回到南京，在那里建立了明朝。

自从滕王阁受到明朝第一位帝王朱元璋的厚爱以后，至明末崇祯年间的270余年的时间里，由于兵燹战乱，水患火灾等各种原因，滕王阁迭废迭兴达七次

■滕王阁正面

鞭炮 起源至今有2 000多年的历史。最早称为"爆竹"，是指燃竹而爆，因竹子焚烧发出噼噼叭叭的响声，故称爆竹。鞭炮最开始主要用于驱魔避邪，而在现代，在传统节日、婚礼喜庆、各类庆典、庙会活动等场合几乎都会燃放鞭炮，特别是在春节期间，鞭炮的使用量超过全年用量的一半。

之多。

滕王阁牌匾

滕王阁的第一次修建是在1436年至1438年之间。当时，滕王阁在大水冲击下，江岸坍塌，阁基松动，渐沦于江。

于是，江西布政使吴润在遗址上重建，作为"迎拜制诏之所"。重建以后，吴润将滕王阁改名为"迎恩馆"，又称"迎恩堂"。

明代时对滕王阁的第二次修建，是在1452年。当时，都御史韩雍巡抚江西，"适值馆毁于火"，他遂率三司诸僚在旧址上重建。

第三次是在1465年，"西江第一楼"自景泰三年落成后，仅13年便再一次被毁。布政使翁世资看见后，便慷慨出资，并号召身边的同僚一起出资，于1468年农历五月鸠工兴建，同年十月落成。

此次修建规模甚壮，建成后，翁世资将此楼阁重新命名为"滕王阁"。翰林学士、工部尚书谢一夔为它作《重修滕王阁记》。

第四次是在519年。当时，滕王阁毁于兵乱。直至1526年，都御史陈洪谟才组织人员重建。

重建后，吏部尚书罗钦顺撰《重建滕王阁记》道："阁凡七间，高四十有二尺，视旧有加。"阁之

翰林学士 我国古代官名。学士始设于南北朝，唐初常以名儒学士起草诏令而无名号。唐玄宗时，翰林学士成为皇帝心腹，常常能升为宰相。北宋翰林学士承唐制，仍掌制诰。此后地位渐低，然相沿至明清，拜相者一般皆为翰林学士之职。清以翰林掌院学士为翰林院长官，无单称翰林学士官。

前"堂凡五间，大门前峙，其壮皆与阁称。"

　　阁之后为堂三间，名为"二忠祠"，以纪念抗金民族英雄文天祥、谢叠山二公。

　　第五次是在1599年，阁自嘉靖五年重建，已逾70余年，"楹础欹圮，阶除湫隘"。江西巡抚王佐、都御史夏良心重又修葺一新。

　　第六次是因滕王阁于1616年又一次毁于火，新任江西左布政使王在晋、大中丞王佐以滕王阁是"千年古迹也，何忍当吾世遂废之？"而发起同僚捐资重建，他在募捐时说："凡我同事，捐金缔构。"

　　第七次是在1633年，江西巡抚解石帆捐俸重修滕王阁，并在旧阁遗址上另建一楼，名"环漪楼"。

　　重建工程于农历五月动工，八月落成。邹维琏撰《重造滕王阁记》，记中赞美此阁有"高山流水之韵，明月清风之致"。

　　从明代时对滕王阁的七毁七建中可以看出，明代的滕王阁不仅是江南著名的风景游览胜地，也是标榜"太平盛世"的象征。

　　从古人留下的历史记录中，可以知道，明代的滕王阁在建筑艺术风格上较讲究秀雅、小巧、精致，但在建筑规模上则比以前缩小了。

　　因为在明代建立时，滕王阁最初是受到了开国皇帝

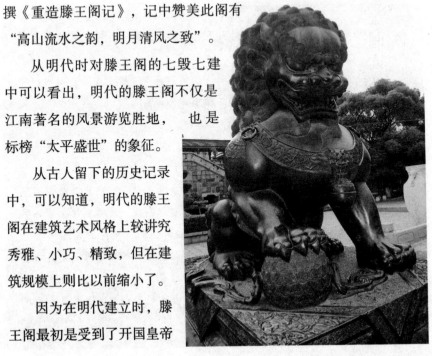

■ 滕王阁铜狮子

■滕王阁远景

朱元璋的重视的，为此，后人们在重建的滕王阁内，还专门收藏了一幅明太祖朱元璋的画像，这幅画像藏在滕王阁的三楼，画面上的朱元璋身穿皇袍端坐在那里，一副踌躇满怀的模样。

此外，在后来重建的滕王阁内，还有一幅记录明代嘉靖年间重建的滕王阁古画，画中的建筑形式继承了宋、元之风。据明代绘画考证，屋顶有所变化，为盔顶式。阁楼阔23米，高13米。

阅读链接

在明代时，古人对滕王阁的多次重建历史中，有3个明显的变化：

一是阁名的变化。明代以前一直叫"滕王阁"，而明初却改名为"迎恩馆"，第二次重建又改名为"西江第一楼"。其后再次重修又复名为"滕王阁"。

二是阁址的变化。明代时，滕王阁由江滨移建于城墙之上，后又由城上改移至城外。

三是功能的变化。共有三种变化：其一，明代以前的滕王阁主要是歌舞游观，赏景吟诗，送客别友，庆典宴饮。然而明代第一次重建后，便成了以"迎拜诏制"为主的"迎恩"之所。后来虽已改回，但从此以后"迎诏"便成了滕王阁的功能之一了。其二，从个人的吟诗作赋，发展为文人结社，探讨诗文，议论时政的场所。其三，是由歌舞表演进而发展成为戏剧演唱了。

清代时经历的十余次修建

在清代，滕王阁兴毁极为频繁，达13次之多。先后经历了顺治、康熙、雍正、嘉庆、道光、咸丰、同治、光绪、宣统等10个皇帝，平均约20年一次，其兴废之频繁，乃是修建楼阁史上所没有的。其兵火战乱殃及滕王阁次数之多，也是阁史上历朝历代所罕见的。

■嘉庆皇帝画像

究其毁因，除嘉庆年间的两次重修和乾隆五十二年的一次重建属于年久失修而自然损坏坍塌外，有两次毁于兵燹战乱，八次焚于大火。

1648年，滕王阁焚于兵燹战火，1654年，巡

■ 滕王阁飞檐

小篆 是在秦始皇统一后，推行"书同文，车同轨"，统一度量衡的政策，由宰相李斯负责，在秦国原来使用的大篆籀文的基础上，进行简化，取消其他六国的异体字，创制的统一文字汉字书写形式。一直在我国流行到西汉末年，才逐渐被隶书所取代。

抚蔡士英重建，改明代阁基面向正南而为面向正西，恢复唐阁、宋阁面对西山之旧观，以览江山之胜。

清康熙年间，从1679年至1702年，在短短的23年时间里，滕王阁四毁四建，毁因皆为火灾。

清雍正至乾隆年间，滕王阁二毁二建。1731年毁于火。五年后，也就是1736年，江西总督赵宏恩、巡抚俞兆岳重建。1743年，江西布政使彭家屏重修，复旧额为："西江第一楼"。

1788年，滕王阁再次倒塌。第二年，江西巡抚何裕成在旧址上重建。

清嘉庆年间，阁因年久失修，"榱角日已圮，丹艧日以剥"，大中丞、江西巡抚秦承恩、江西巡抚先福于公元1805年和1812年两次重修一新，并由江西布政使陈预作记。

至清道光年间，滕王阁再次经历重修重建两次。

一次是1847年，楼阁内部分被火毁，旋即修复；

第二次是此次修建的第二年，楼阁再一次的遭火焚被毁，江西巡抚傅绳勋重建。

清咸丰至同治年间，滕王阁毁建各一次。1853年农历五月，楼阁毁于兵火。1872年，湘军宿将刘坤一担任江西巡抚以后，便立即主持集资重建。这次重建后，楼阁为二层，并恢复了"迎恩亭"。

不仅如此，刘坤还亲自为楼阁作记。并在上层前楼题额"西江第一楼"，后层还刻有小篆书韩愈的《重建滕王阁记》，门匾上为"仙人旧馆"。

清光绪至宣统年间，滕王阁毁建各一次。1908年，滕王阁复遭火焚，并在第二年重建。此次重建后，楼阁的牌楼上书"榮戟遥临"；阁上有楹联："大江东去，爽气西来"。

总体来看，清代滕王阁的规模和形制以清初蔡士英重建为最。其后历次重修重建，大都沿袭清形制。

刘坤（1830—1902），湘军宿将，字岘庄，湖南新宁人。廪生出身，1855年参加湘军楚勇与太平军作战。累擢直隶州知州，赏戴花翎。1862年，升广西布政使。1864年升江西巡抚。1874年，调署两江总督。1875年9月，授两广总督，次年兼南洋通商大臣。1891年受命"帮办海军事务"，并任两江总督。

■滕王阁内部雕像

滕王阁城墙

清代滕王阁的兴废盛衰，与明代一样，不但是标榜"太平盛世"的一种标志，同时又是用来炫耀"政绩"的一种象征。清初著名大臣蔡士英在清代第一次重建后，写下的《重建滕王阁自记》中道：

江流不改，景物犹存。第时有盛衰，故事有兴废，主持在人。安见衰者不可使复盛，而废者不可使复兴耶？

蔡士英的寥寥数语，既可见其之感叹与苦衷，又道出了重建滕王阁，使之不绝于世的原因。

清代的滕王阁，从1648年清军围攻南昌，滕王阁毁于兵火，至1909年最后一次重建为止，每次重修均不如前，规模较小。从当时留下的照片看出，清代滕王阁的建筑特色是木结构，楼阁共有两层，歇山重檐，黑瓦木柱，无彩绘。有牌坊式的入阁正门，颇似南方寺观。

阅读链接

1926年10月，在北伐军进攻南昌之际，滕王阁被反动军阀烧毁了。

南昌人民无不义愤填膺，要求惩办凶手。同年11月成立了以江西人民裁判逆犯委员会，并于1927年1月举行宣判大会，把罪犯绳之以法了。纵火罪犯不仅得到了应有下场，而且留下了千古骂名。